JN079144

性的虐待を犯した少年たち

Young Offenders

Sexual Abuse and Treatment

ボーイズ・クリニックの治療記録

アンデシュ・ニューマン＋ウーロフ・リスベリィ＋ベリエ・スヴェンソン

見原礼子訳

新評論

訳者まえがき

本書（Anders Nyman, Olof Risberg, Börje Svensson, *Unga förövare – sexuella övergrepp och behandling*, Rädda Barnen, 2001［英語版：*Young Offenders : Sexual Abuse and Treatment*, Save the Children Sweden, 2001］）は、性的虐待の加害者となった少年を対象としたスウェーデンの治療機関「ボーイズ・クリニック（Boys Clinic）」における五年間の経験をまとめたものである。

心理療法士である三人の著者たちは、性的虐待を受けた子どもや性的虐待の加害者となった子どもを支援する活動に長年従事してきた。ちなみに、本書の数年前に刊行された性的虐待の被害者の少年を対象とした治療の記録（Anders Nyman, Börje Svensson, *Pojkmottagningen – sexuella övergrepp och behandling*, Rädda Barnen, 1995）については、本書と同じ出版社から邦訳出版されているのでぜひご覧いただきたい（アンデシュ・ニューマン，ベリエ・スヴェンソン『性的虐待を受けた少年たち――ボーイズ・クリニックの治療記録』太田美幸訳、新評論、二〇〇七年）。

ボーイズ・クリニックは、一九九〇年に国際NGO「セーブ・ザ・チルドレン世界連盟」のメンバー団体（パートナー）である「レッダ・バーネン（Rädda Barnen）」内に設立されている。当初、性的虐待の被害者少年を対象とした治療を行っていたボーイズ・クリニックだが、一九九八年からは加害少年も治療の対象者とするようになった。幼少期に性的虐待や身体的虐待、あるいはネグレクトなどを受けた少年が適切な臨床的治療やケアを受けられない場合、過去の経験や記憶から生まれる喪失感や無力感などの感情から逃れるために性的虐待などの加害行為に及ぶことがあるという事態を深刻に受け止めたからである（**コラム1**参照）。加害行為に及んだ少年たちの治療に当たるということは、少年本人の回復と新たな被害者を生み出す危険性の回避という重要性をもつことになる。

実は、二〇一〇年の組織再編に伴って、レッダ・バーネン内のボーイズ・クリニックは閉鎖されることになった。しかし、性的虐待などの加害行為に及んだ少年に対する治療の重要性を認識

boys
性的虐待を受けた少年たち
ボーイズ・クリニックの治療記録
アンデシュ・ニューマン
ベリエ・スヴェンソン
太田美幸―訳
誰にも言えない……
誰が彼らを虐待するのか！ そして、その支援方法は？
本書には、少年たちの被害経験と治療過程がリアルに描かれている。
新評論

『性的虐待』の表紙

コラム 1　性的虐待の被害と加害の関係

性的虐待の被害と加害の関係については、男性・男児への性的虐待をめぐる「神話」の一つとしてしばしば挙げられる思い込みを確認しておく必要がある。それは「性的虐待を受けた男児は他人に性的虐待を繰り返す」という「神話」である（ガートナー［1999=2005］、宮地［2006］［2008］）。性的虐待の被害を受けた体験とその後の加害行為を安易に結びつけるべきでないことは、本書のなかでも強調されている。

していた著者らは、その後、独立したボーイズ・クリニックを開設して運営を続けてきた。現在は、三人の著者のうち、ウーロフ・リスベリィ氏とベリエ・スヴェンソン氏が性的虐待の被害者と加害者の双方を対象とするクリニックを運営しているほか、他の機関でも心理療法のコンサルタントとして活躍している。

リスベリィ氏によれば、二〇一九年までにボーイズ・クリニックで対応してきた性的虐待の加害者数は約三五〇人に上るという。本書は、長年にわたる著者らの臨床経験を踏まえ、若年性加害者の治療と支援に関する課題を広く一般読者に向けて明らかにしようとしたものである。

日本国内の未成年者による性犯罪と再犯防止に向けた取り組み

近年、日本国内においても、性犯罪に対する社会の眼差しを受けた厳罰化の流れから、成人のみならず性加害

コラム 2　刑法の一部を改正する法律（2017年）

2017年7月に施行された刑法の一部を改正する法律によって、従来の「強姦」という罪名が「強制性交等」に変更されている。この変更によって、被害者の性別が問われなくなったほか、性交に加えて肛門性交および口腔性交も対象とするなど、罪として認める内容が大幅に拡大された。また、少年による犯罪とは直接かかわらないものの、今回の法改正によって「監護者わいせつ・監護者性交等」が新設されたことも重要な点であると言える。

に及んだ少年に対する治療の重要性が高まるなど、実際の取り組みが見られるようになっている。二〇一九年秋の時点における最新版の『平成三〇年版　犯罪白書』によると、二〇一七年の「少年」（二〇歳未満）による刑法犯のうち、一三一人が「強制性交等」の罪名で、また五六一人が「強制わいせつ」の罪名によって検挙されている（法務省［二〇一八］。**コラム2**参照）。

表1で示したように、過去五年間の「強姦／強制性交等」に関して家庭裁判所の処理区分別終局処理人員を見ると、全体の半数以上が「少年院送致」となっていることが分かる。一方、「わいせつ」に関する過去五年間の家庭裁判所終局処理人員の場合（**表2**）、もっとも多いのが「保護観察」で全体の四割程度を占めているが、「少年院送致」の割合も一割以上を占めていることが分かる。

二つの表から分かることは、日本における若年性加害者の多くは、社会復帰に向けた教育や治療を少年院や保

表１　「強姦／強制性交等」に関する過去５年間の家庭裁判所終局処理人員（処理区分別）

年	総数	検察官送致		保護観察	児童自立支援施設・児童養護施設送致	少年院送致	知事・児童相談所長送致	不処分	審判不開始
		刑事処分相当	年齢超過						
2013	94	7	2	19	3	58	1	3	1
2014	79	3	−	12	6	56	1	1	−
2015	55	3	−	12	3	32	1	3	1
2016	99	2	3	26	7	56	3	1	1
2017	67	−	2	18	7	38	1	1	−

出典：法務省（2018）をもとに筆者作成

表２　「わいせつ」に関する過去５年間の家庭裁判所終局処理人員（処理区分別）

年	総数	検察官送致		保護観察	児童自立支援施設・児童養護施設送致	少年院送致	知事・児童相談所長送致	不処分	審判不開始
		刑事処分相当	年齢超過						
2013	554	5	8	231	20	105	14	58	113
2014	504	3	7	242	12	90	9	71	70
2015	542	2	3	259	19	94	19	61	85
2016	594	−	5	248	20	97	13	91	120
2017	622	−	4	248	12	74	11	93	180

出典：五ヵ年の司法統計年報（http://www.courts.go.jp/app/sihotokei_jp/search）をもとに筆者作成

護観察機関で受けているということである。日本社会において若年性加害者が置かれている状況を考えるうえでは、これらの機関において性犯罪を繰り返さないための治療や教育の機会がどのように施されているのかに着目する必要がある。[1]

少年院における性犯罪再犯防止に向けた体系的なプログラム化は、二〇一〇年に設置された「少年矯正を考える有識者会議」の提言において「矯正教育の内容の充実」が提起され、そのなかの一つとして、性加害に焦点を当てた非行態様別の重点指導施設を指定することが有用であるとされた点がきっかけとなって展開された（少年矯正を考える有識者会議［二〇一〇］参照）。この提言を背景とし、二〇一二年に「J-COMPASS」と呼ばれる「矯正教育プログラム（性非行）」が開発されている。

このプログラムは、試行段階として翌年の二〇一三年に「北海少年院」と「福岡少年院」の二か所で実施された。そして、二〇一五年の少年院法の改定によって矯正教育課程が整備されたのを機に、全国の少年院において、特定生活指導のうちの「性非行防止指導」にかかる中核プログラムとして実施されることとなった。

J-COMPASSによる中核プログラムの指導目標は、「性非行に関する自己理解（気づき）を深め、自らの価値に基づく適応的な行動を活性化し、心理的柔軟性・共感性を向上させる」とされている（亀田［二〇一七］五七ページ）。同プログラムの開発にかかわった一人である亀田公子（当時、法務省福岡矯正管区少年矯正第一課長）によると、プログラムがベースとしたのは以下の三点である。

❶内発的動機付け
❷ストレングスベース
❸マインドフルネスベース（前掲論文）

加えて、第三世代の認知行動療法とされる「ACT（Acceptance and commitment therapy・アクセプタンス＆コミットメントセラピー）」も参考にしている（前掲論文）。テキストは一二単元から構成されており、自己の認識や自らの価値の確認、思考や気持ちの対処方法と行動選択、人とのつながりなどの内容が扱われている。

少年院における「性非行防止指導」においては、J-COMPASSによる中核プログラムに加えて「周辺プログラム」と呼ばれるものも提供されている。このプログラムは、アンガーマネージメント、被害者心情理解指導、性教育などの各種指導によって構成されている（法務省［二〇一五］）。

（1）ここで主に取り上げる矯正保護分野での取り組み以外に、児童相談所、児童自立支援施設、児童養護施設などといった子ども福祉分野での取り組みもある。この分野での取り組みに関する近年の調査結果は藤岡（二〇一七）に詳しい。

これらのプログラムは、少年の適性や各少年院における対象者の在院状況などにより、グループワークで実施される場合もあれば、個別に実施される場合もある。プログラムの実施期間は、通常で約三か月間、北海少年院と福岡少年院に設置された重点指導施設では四か月間が平均的といわれている（石井［二〇一八］一三〇ページ）。

少年院における性犯罪再犯防止指導のためのプログラムが整備されつつある一方で、残された課題もある。なかでも大きな課題として指摘されているのが、少年院を出たあとの少年たちをどのように治療し、教育を継続していくのかという点である。この課題に取り組むことを目的として、社会における性加害者の治療やその家族の支援に従事してきた民間団体もある。

その代表的なものとしては、臨床心理士らによって運営されている「もふもふネット」や、精神科専門医によって運営されている「性障害専門医療センター」などが挙げられる（**コラム3**参照）。後者を運営する精神科医の福井裕輝は、少年院や刑務所といった刑事施設内での治療だけではなく、実社会で本人の居場所を用意し、社会復帰を支援しながら治療を継続することこそが重要である、と強調している（福井［二〇一九］、石井［二〇一八］一三二～一三三ページ）。

実のところ、このような団体の活動は全国でもまだ非常に少なく、これらの治療を受けられる機会が得られるのは都市部にかぎられている。加えて、治療にかかる費用はすべて自己負担となっている。そのため、多くの若年性加害者とその家族にとっては、社会内での継続的な治療を受

コラム 3　性加害者の治療やその家族の支援を行う民間団体

「もふもふネット」は、少年鑑別所、少年院、刑務所において非行少年らの教育に長年携わった経験をもつ臨床心理士の藤岡淳子氏が代表を務めている。性犯罪によって刑事裁判や少年審判を経た男性を対象として、再発防止のための個別・グループによる治療教育が行われている。少年を対象としたものは、月に一度、３時間15分のプログラムが組まれている。加害者本人のみならず、性被害者や加害者の家族、また支援者を対象としたプログラムも実施されている。https://mofumofunet.jimdo.com/（2019年９月９日最終閲覧）

「性障害専門医療センター」は、精神科医の福井裕輝氏が代表理事を務めている。性犯罪加害者の更正や医学的治療のための専門的機関として、主に認知行動療法によるカウンセリングと「性ホルモン療法」と呼ばれる薬物療法による治療が行われている。2018年時点で治療に通っていた約300人のうち、４分の１が未成年であった。少年院から出院後、または保護観察処分を受けたあと、保護者のすすめから通うことが多いという（石井［2018］133ページ）。少年に対するカウンセリングは、週に一度のグループワークを基本とし、約３年～５年あまりをかけて治療が進められる（前掲論文、134ページ）。家族に対するセミナーや家族会などを通じて、若年加害者の家族に対する支援プログラムも用意されている。https://somec.org/（2019年9月11日最終閲覧）

けるためのハードルはかなり高いといわざるを得ない。

性加害に及んだ少年たちを、私たちはいかにして社会のなかに受け入れていくべきなのだろうか。私たちは、彼ら・彼女らの居場所をどのように用意することができるのだろうか。これまで十分に問われることのなかったこれらの問いに対して真摯に向き合うことが、性的虐待問題への取り組みにもつながっていくと考える。

スウェーデンにおける若年加害者の施設収容

本書の舞台であるスウェーデンにおいても、日本の少年院のように、若年加害者を対象として収容する閉鎖的な施設が存在している。本書には複数の性加害者の少年が登場するわけだが、そのなかのマルティンやジムという少年たちが収容されていたのがこの施設であり、当時、彼らは施設での生活を送りながらボーイズ・クリニックでの治療を受けていた。

施設を管轄しているのは、「国家施設庁（Statens Institutionsstyrelse：SiS）」という国の機関である。以下では、筆者が二〇一九年一月に国家施設庁に赴き、同庁が管轄する少年保護施設について聞き取り調査を行った内容をもとにして、スウェーデンにおける若年加害者の施設収容とそこでの生活や指導・治療についての概要を紹介していく。(2)

スウェーデンにおける刑事責任年齢は一五歳である。一五歳未満の少年による非行・犯罪は、各コミューン（基礎自治体）に設置された社会福祉委員会の担当部局である「社会サービス局（Socialtjänst）」が対応している。一方、一五歳から一七歳による犯罪は、警察や検察、裁判所のほかに社会サービス局も関与し、一八歳以上による犯罪についても、処分などにおいてはかなりの程度社会サービス局が関与している（廣瀬［二〇一七］一三一ページ）。

「社会サービス法（Socialtjänstlag）」と呼ばれるスウェーデンの社会福祉の基本法のもとでより実質的な少年保護法制として機能しているのが、福祉の分野での対応の特則を定める「若年者保護特別法（Lag med särskilda bestämmelser om vård av unga : LVU）」と、刑事司法の分野での手続きを定める「若年犯罪者特別規制法（Lag med särskilda bestämmelser om unga lagöverträdare : LUL）」である。[3]

前者のLVU法については、福祉分野での対応に関する法律でありながら、強制的な措置を伴う点に大きな特徴がある。社会サービス法が養育者の同意を得て行われる任意の措置や介入であ

（2）二〇一九年一月七日に、国家施設庁職員の Ola Karlsson Rühmkorff 氏および Catrine Kaunitz 氏に対して行った聞き取り調査による。以下に示すデータは、すべて両氏より受けた国家施設庁の資料および国家施設庁公式ウェブサイト（https://www.stat-inst.se/）の情報に基づく。

（3）訳語は廣瀬（二〇一六）・（二〇一七）より引用した。

るのに対し、そのような手段では少年が適切に保護されない場合にＬＶＵ法に基づく手続きが進められることになる。なお、同法は、加害者のみならず被害者に対しても適用されている（高橋［二〇〇八］一八二ページ）。

ＬＶＵ法に基づく措置とは、具体的には当該少年を家庭外において二四時間体制で保護し、適切なケアや処遇を行うことである。ＬＶＵ法に基づく場合においても、里親や開放的な保護施設である「ケア宿泊施設（hem för vård eller boende : HVB-hem）」などへの移送が優先されるが、とくに深刻な事由によって慎重な監督のもとに置かれる必要があると社会サービス局が認識し、行政裁判所がＬＶＵ法の適用が適切であると判断した場合、再び社会サービス局でどのような保護をすることが望ましいのかについて検討が行われる。つまり、閉鎖的な少年保護施設への収容は、その最終手段ということになる。

この施設は、ＬＶＵ法の第一二条において当該施設の設置が定められているため「一二条施設」と呼ばれることもある。先述したように、この少年保護施設は国家施設庁が管轄している。二〇一九年現在、スウェーデン国内に合計二三施設が運営されており、約四〇〇〇人の職員がこれらの施設に勤務している。

多くの場合、少年保護施設への収容は、福祉分野のＬＶＵ法に基づく措置による。だが、これとは別に、重大な犯罪を犯し、刑事司法分野でＬＵＬ法によって刑罰を受ける一五～一七歳の若年者に対しては、裁判所が少年保護施設への収容を課す場合もある。この場合の収容は、「閉鎖的若年者保護の実施に関する法律（lagen om verkställighet av sluten ungdomsvård : LSU）」という法的枠組みに基づくものとなっている。

二三施設における全七五六床のうち、七〇〇床がＬＶＵ法に基づく措置を受けた者、残り五六床がＬＳＵ法に基づく措置を受けた者を対象としている。一室当たりのベッド数は七つとなっており、後者の場合は特別ユニットが用意されている。国家施設庁によれば、二〇一七年に同庁が管轄する閉鎖的少年保護施設への収容がなされた人数は一〇九五人であり、このうちＬＳＵ法に基づく措置人数は七五人であった。また、収容者の平均年齢は、ＬＶＵ法に基づく措置を受けた者は一六歳、ＬＳＵ法に基づく措置を受けた者が一七歳であった（SiS［2019］）。

収容期間は、措置の枠組みによって異なる。ＬＳＵ法に基づく措置を受けた場合、最短一四日から最長四年までの間で、

少年保護施設　© Statens institutionsstyrelse, Sverige

裁判所が決定を下した期間があらかじめ定められている。ＬＳＵ法に基づく措置を受けて収容される少年の平均収容期間は約一〇か月である。他方、ＬＶＵ法に基づく措置の場合、あらかじめ収容期間が決められているわけではなく、個々の更生や治療の状況を半年ごとに社会サービス局が評価し、それに応じて裁判所が判断を行っている。平均収容期間は約五か月〜半年であるが、国家施設庁によれば、ＬＶＵ法に基づく措置の場合、個々の状況の違いが非常に大きいため収容期間にも大きなばらつきがある。とりわけ、性加害を理由として入所している場合、治療・教育に要する期間を考慮し、施設収容期間も二〜三年と長期にわたるのが一般的であるという。

少年保護施設での生活においては、少年の更生と社会復帰に向けていくつかの制約が課されている。具体的には、電話やメールなどの通信制限、来訪者の制限、決められた日時に行われる部屋の検査、電子装置による身体検査、暴力行為をした場合の隔離（最長四時間）などが挙げられる。

また、少年保護施設では、社会サービス局との協働のもと個人の治療や教育計画が作成され、それらを受ける環境が用意されている。その環境を確保するため、一人当たりの収容人数に対する職員数は三人となっており、非常に手厚いケアがなされている。治療・教育にあたる職員のための研修は、国家施設庁の本部が実施している。職員に加えて、各施設には専任の臨床心理士が数名常駐しているほか、必要に応じて非常勤の精神科医がコンサルタントとして専門的な助言を

図1　国家施設庁（SiS）管轄の少年保護施設への収容経路

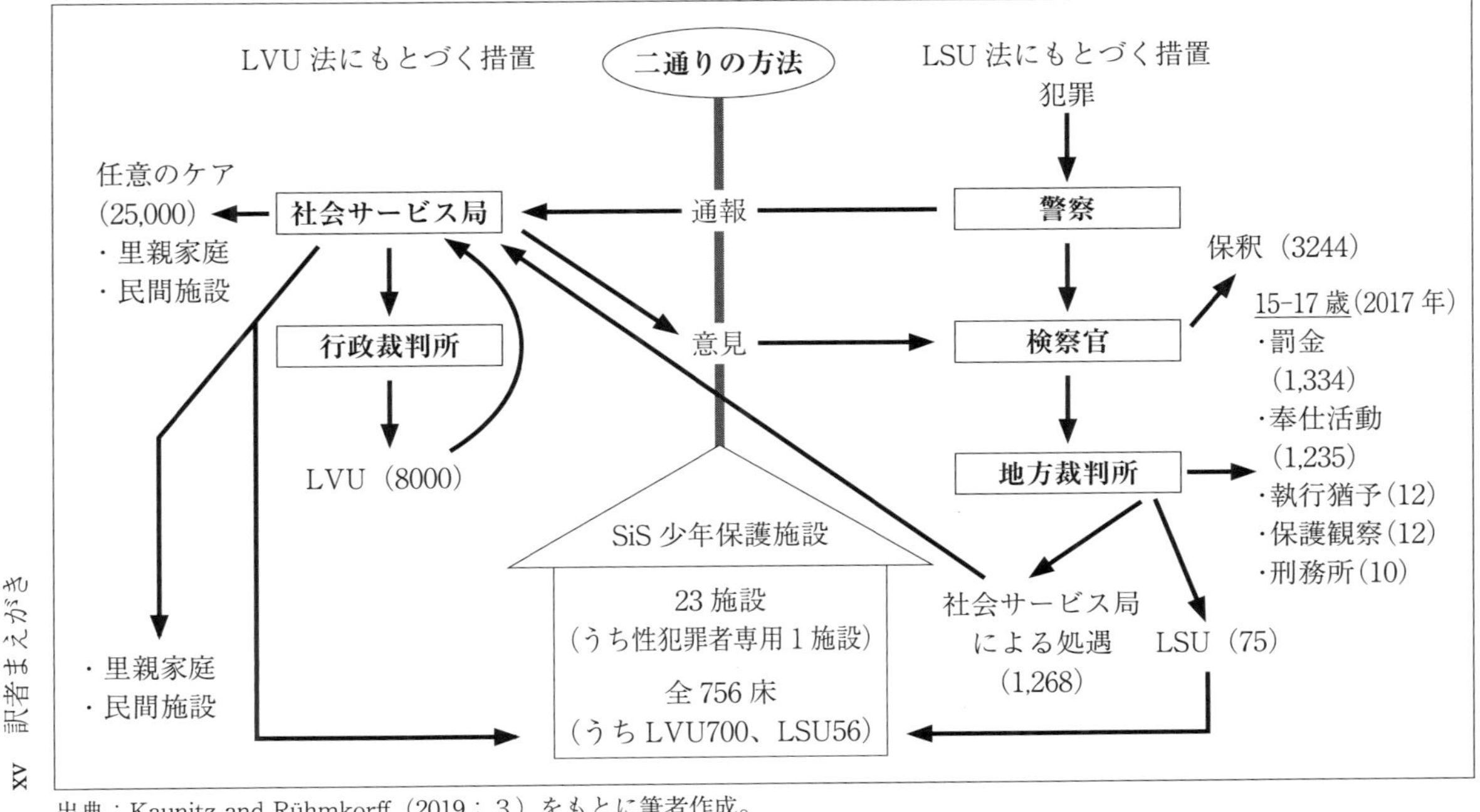

出典：Kaunitz and Rühmkorff（2019：3）をもとに筆者作成。
注：括弧内の数字は2017年に処遇・処分を受けた人数を示す。

行っている。さらに、学校も併設されており、二〇一九年時点で二六五人の教員が施設内の学校に勤務している。

掲載した写真は、性加害者を収容する少年保護施設内のリビングの様子を撮影したものである。閉鎖的な施設とはいえ、自由時間はゆったりと腰掛けることのできるソファが並べられた空間で過ごすことが可能となっている。

若年性加害者と向き合い、支え続けること

前述したように、現在、スウェーデンの国家施設庁は二三の少年保護施設を運営している。このうち一つは、二〇〇〇年代以降、性犯罪者・性加害者専用のユニットを設け、より専門的な治療が受けられるよう整備されてきた。スウェーデン第四の都市ウプサラの郊外にあるバールビュ（Bärby）にある少年保護施設がこれに該当する。四五床のうち一四床が、LVU法またはLSU法によって収容された若年性加害者のための専用ユニットとなっている。

性加害者を収容する少年保護施設内の様子
ⓒ Statens institutionsstyrelse, Sverige

だが近年、国家施設庁によれば、性犯罪や性加害を理由として少年保護施設に収容される人数は増加傾向にあり、専用施設の床数が不足しているために若年性犯罪者は他の施設にも収容されている状況にあるという。二〇一七年に性犯罪を理由としてLSU法に基づき収容されたのは一五～一七歳の二五人であり、同枠組みにより措置された全数の約三割を占めている。ちなみに、この措置を受けた者のほとんどが強姦を理由としたものである。一方、LVU法に基づき収容されたのは約三〇人であり、このケースの場合、主に一五歳以下で性行動にかかわる重大な問題が見受けられる者（強姦も含む）が含まれている。(4)

性犯罪や性加害を主たる理由として少年保護施設に入所する少年が増加しつつある状況を踏まえ、国家施設庁は二〇一七年より、バールビュに所在する少年保護施設の専門ユニットが取り組んできた再犯防止に向けたプログラム内容とその短縮版をマニュアル化した。このうち、短縮版については他施設でも使用することを目的とした事業を開始している。

---

(4)　LVU法の適用は、同法第三条一項にある、①依存性のある薬物乱用、②犯罪行為、③その他の反社会的行動、という行為の結果、若年者の健康や成長が侵害を受ける明白な危険にさらされている場合に限定されている（廣瀬・十河［二〇一八］四九～五〇ページ）。これらの行為のなかには性犯罪も含まれるが、他の犯罪行為も同時に含まれている場合もあるため、少年保護施設に収容された若年者のうち、性犯罪を理由とする収容人数を明確に示すことは困難である。そのため、ここでは「約三〇人」という人数が示されている。

マニュアルの一つである「STOPPA」（スウェーデン語で「ストップ」を意味する）は、バールビュの専門ユニットがこれまで実施してきた治療プログラムを発展的に展開したもので、一〜二年かけて行う治療・教育のためのマニュアルである。毎週二〜三時間のグループセッションを通じた治療、約一・五時間の個人セッションを通じた治療、さらに可能であれば五〜四〇時間にわたる家族とのネットワークミーティングと、非常にインテンシブな内容で構成されている。

もう一方の「STOPPA Bas」（スウェーデン語で「ストップ基礎」を意味する）は「STOPPA」の短縮版で、バールベュの専門ユニット以外で使用することを想定して作成されている。治療・教育の期間はおおよそ四か月〜半年が想定されており、プログラム終了までに一〇〜一五回の個人セッションを通じた治療と、週五〜六時間の家族とのネットワークミーティングを行うといった内容となっている。

二〇一八年八月からは、パイロット事業として四施設がこの「STOPPA Bas」を用いた研修と実施を行っており、今後、マニュアルの課題などを検証したうえで、全国の少年保護施設に勤務する職員や臨床心理士の間で共有していくことが目指されている。

このように、スウェーデンでは少年保護施設における治療プログラムの充実化が図られている真っ最中にある。だが、この国でも、少年保護施設を退所したあとの少年たちの社会復帰に向けた支援は十分ではない、と本書の著者の一人であるウーロフ・リスベリィ氏は指摘していた。(5)

性犯罪を理由として少年保護施設に収容された少年が退所したあとは、個々の社会復帰計画をもとに、普通の社会生活を送れるように社会サービス局による支援が継続される。そこで重要な役割を果たすのが、ボーイズ・クリニックのような民間施設である。ボーイズ・クリニックのように通所型の施設のほか、前述したケア宿泊施設として、施設の中に性加害治療・教育の専門ユニットを設けているところもある。(6) しかしながら、こうした施設は国内で一〇施設にも満たず、施設不足が理由で十分な治療を受けることができない性加害経験者の少年が今なお多く存在するという。

性行動に問題を抱える少年の治療・教育は、閉鎖施設内で完結するわけではない。社会復帰に向けた試みのなかで、少年を継続的に支え、治療を継続していくことこそが重要なのである。ボーイズ・クリニックは、若年性加害者に対する心理療法を行う機関のパイオニア的存在として、二〇年以上にわたって重要な任務を果たしてきたといえる。

---

(5) 後述するように、訳者は二〇一四年一〇月および二〇一九年一月の二度にわたってリスベリィ氏を含む著者全員に会い、本書の内容およびスウェーデンの性加害者の処遇・治療にかかる課題についてご教示をいただいた。また、その間、何度もメールでのやり取りを行っている。

(6) たとえば、「Visslan」や「Brizad」という名称の施設がこれに該当する。一施設当たりのベッド数は一五床前後と小規模である。なお、リスベリィ氏は「Brizad」のコンサルタントとしても活動している。

本書の特徴と意義

本書は、ボーイズ・クリニックに勤務する三人の著者がまとめた治療経験の記録である。原著の出版からすでに二〇年近くが経っているため、彼らが当時依拠していた理論的な枠組みについてはアップデートが必要なところもある。たとえば、本書は主に力動学的心理療法に基づいており、認知行動療法についての言及がないわけだが、リスベリィ氏によれば、近年では認知行動療法も基本的な治療枠組みの一つであるということであった。

翻訳作業を行う間、現地を訪れて原著者らと会い、メールでのやり取りを繰り返してきた訳者としていえることは、原著出版から年月を経たとしても本書の意義は揺らぐことはなく、日本において翻訳出版するだけの意味が大いにあるということだ。以下で、本書の特徴を二点ほど挙げておきたい。

最大の特徴の一つとして、患者である少年と治療者である著者の間のやり取りが具体的な事例を通じて詳細に描かれていることが挙げられる。とりわけ、数年以上にわたって少年と向き合った治療記録からは、少年がいかに回復への道を歩んでいったのか、そのプロセスを歩むためにどれほど長い期間が必要であったのかが明らかにされている。なお、ボーイズ・クリニックにおける基本は一対一の個人治療である。筆者らによると、グループ治療を行う場合もあるが、得意とするのは個々の背景や状況などを踏まえて取り組むマンツーマンによる治療であるという。

加えてその描写からは、廣瀬が「社会サービス局中心主義」（廣瀬［二〇一六］九六ページ）と呼んだ、スウェーデンの少年法制の特徴を学ぶことも可能である。社会サービス局が、社会サービス法のもとで、性加害少年の治療や社会復帰にあたっていかに深い関与をしているかが如実に示されているからである。

日本とは社会福祉制度や少年法制の成り立ちや歴史が大きく異なっているため、単純な比較はできないものの、今後、日本における若年性加害者の治療や更生のあり方を考えるにあたってスウェーデンの事例は大いに参考になる。

もう一つの大きな特徴は、治療者自身の感情が豊かに描かれている点である。『性非行少年の心理療法』の著者である針間も述べるように、性非行・性加害少年との心理療法においては、治療者と少年との間に心の相互作用が生じることで治療の進捗や治療者自身の生活にも影響が及ぶことになる。治療場面で起こりうる治療者の心の動きとして、腹を立てる、無力感を感じる、性的に反応する、自分だけがこの子を救えると思うなどを針間は挙げている。また、治療場面以外で起こりうる心の動きとしては、孤独感、不信感、絶望感、自己の価値観の揺らぎを挙げている（針間［二〇〇二］五〇～五九ページ参照）。

本書には、恐れや怒り、嫌悪感、哀れみの感情など、さまざまな心の動きが治療者自身のノートを引用する形でつぶさに描かれているわけだが、それだけでは決してない。治療の各場面において、そのような感情がなぜ生じたのかについて客観的な視点で分析されており、場合によっては、生じた感情を治療に還元するための考え方も説明されている。このような分析は、日本において性加害少年の治療や教育に従事する専門家に対して、大いなる示唆を与えるのではないだろうか。

＊＊＊＊＊

訳者が本書の翻訳に携わるきっかけとなったのは、前述した『性的虐待を受けた少年たち――ボーイズ・クリニックの治療記録』の訳者である太田美幸氏から、「続編」ともいえる本書の紹介を二〇一三年に受けたことである。

私事になるが、当時、一人で子育てをしていた訳者は、子育てと仕事の両立に行き詰まり、高いストレスを抱えていた。一歩間違えば、自らも虐待していたかもしれないという場面も多々あった。虐待する／虐待しないの境界線は、親が置かれている状況によっては「紙一重」であることも知った。それゆえ、「子ども虐待」というテーマをライフワークにしたいという思いを抱き、少しずつ準備を進めていた。

そのようなときに本書の存在を知り、性加害者少年をケアすることが、社会全体で長期的に子ども虐待防止という課題に取り組んでいくことにつながるという視点を学んだ。日本では、性加害少年の存在は一面的な報道が多く、かつ刑罰対象者の低年齢化と厳罰化の動きのなかで、更生に向けた教育や治療についてはあまり着目されていないことも気になった。本書の翻訳を通じてこれらの課題を提起できるのではないかと考え、太田氏を通じて本書の出版社である新評論の武市一幸氏と相談したところ、「翻訳を進めてよい」というゴーサインをもらった。

訳出にあたっては、治療者の感情が描かれている原文（英語版）のニュアンスを少しでも日本語訳に活かしたいと考えた。そのため、二〇一四年一〇月にスウェーデンに赴き、本書の著者であるアンデシュ・ニューマン氏、ウーロフ・リスベリィ氏、そしてベリエ・スヴェンソン氏の三名と、ボーイズ・クリニック内で初めて会った。このときは、リスベリィ氏がつくってくれたラザニアをいただきながら、二時間以上にわたって三名を質問攻めにしてしまった。その後も、数度にわたってメールでのやり取りを続けた。

二〇一九年一月、再びスウェーデンに赴き、三名の著者に再会している。今度はニューマン氏の自宅に招待され、ニューマン氏の家族がつくってくださったスウェーデン料理を堪

ウーロフ・リスベリィ、ベリエ・スヴェンソン、アンデシュ・ニューマン（左から）

能しながら、数時間以上にわたってスウェーデンのセクシュアリティに関する課題や性加害少年に対する支援のあり方について議論するなど、専門家の視点から多くのことをご教示いただいた。

だが、臨床心理学や精神医学を専門としない訳者にとっては、やはり翻訳作業は困難を極めることとなった。この分野に関する教科書、辞典、先行研究を読みながらの翻訳作業とあって、当初の予定から大幅に遅れてしまった。この間、太田氏からは前作を踏まえた貴重なアドバイスやスウェーデン語（単語）の和訳に関する助言を数多くいただいている。スウェーデンの著者たちからも、「翻訳の完成を待ちわびている」という応援メールを何度もいただいた。また、一橋大学の宮地尚子先生が率いている性被害の男児・男性サバイバーへの治療に関する研究会に参加する機会をいただき、国内外において第一線で活躍される専門家との対談ができたことも大きな励ましになった。

多くの方から教示を受けたことによって、本書をようやく日本の読者にお届けすることが可能になった。治療や教育を通じて性加害少年と日々向き合っている人々、これからの日本社会における若年性加害者処遇のあり方に関心をもつ人々など、多くの人々のもとに本書が届くことを願っている。

二〇二〇年　一月

見原　礼子

参考文献一覧

・石井光太（二〇一八）「虐待された少年はなぜ、非行に走ったのか――病理と矯正教育の最前線　第二回　性非行の少年たち」『こころ』Vol.43、一〇五～一三九ページ。
・ガートナー，リチャード・B（二〇〇五）『少年への性的虐待――男性被害者の心的外傷と精神分析治療』宮地尚子ほか訳、作品社。
・亀田公子（二〇一七）「少年院における性非行防止指導　J-COMPASS」『刑政』128巻12号、五五～六五ページ。
・少年矯正を考える有識者会議（二〇一〇）『少年矯正を考える有識者会議提言』法務省 http://www.moj.go.jp/content/000058922.pdf（二〇一九年九月六日最終閲覧）
・高橋美恵子（二〇〇八）「スウェーデンにおける子ども虐待対策と現状――子どもの権利擁護と社会的ネットワークの視点から」『IDUN』Vol.18、一七九～二〇四ページ。
・針間克己（二〇〇一）『性非行少年の心理療法』有斐閣選書。
・廣瀬健二（二〇一六）「ヨーロッパ諸国の概観と北欧（1）」『家庭の法と裁判』No.7、九五～九九ページ。
・廣瀬健二（二〇一七）「北欧（4）スウェーデンの刑罰（制裁）に対する若年者の特則」『家庭の法と裁判』No.11、一三一～一三四ページ。
・廣瀬健二・十河隼人（二〇一八）「スウェーデンの少年保護法制――若年者保護特別法を中心にして」『立教法務研究』Vol.11、四五～七七ページ。
・福井裕輝（二〇一九）「実社会での治療が重要」『朝日新聞』二〇一九年四月五日付朝刊。

・藤岡淳子他（二〇一七）「性問題行動への治療的介入の実施状況とその課題」日本子ども虐待防止学会第二三回学術集会ちば大会配布資料。
・法務省法務総合研究所編（二〇一八）『犯罪白書〈平成三〇年版〉』http://hakusyo1.moj.go.jp/jp/65/nfm/mokuji.html（二〇一九年八月一四日最終閲覧）
・法務省法務総合研究所編（二〇一六）『研究部報告55　性犯罪に関する総合的研究』法務省 http://www.moj.go.jp/housouken/housouken03_00084.html（二〇一九年九月九日最終閲覧）
・法務省法務総合研究所編（二〇一五）『犯罪白書〈平成二七年版〉』http://hakusyo1.moj.go.jp/jp/62/nfm/mokuji.html（二〇一九年八月一四日最終閲覧）
・宮地尚子（二〇〇六）「男児への性的虐待――気づきとケア」『小児の精神と神経』46（1）一九〜二九ページ。
・宮地尚子（二〇〇八）「男性の性被害――被害と加害の「連鎖」をめぐって」『トラウマティック・ストレス』6（2）一四五〜一五五ページ。

・Kaunitz, Catrine, Rühmkorff, Ola Karlsson (2019) “National Board of Institutional Care”, Statens institutionsstyrelse SiS.
・Statens institutionsstyrelse（2019）公式ウェブサイト https://www.stat-inst.se/var-verksamhet/（二〇一九年九月六日最終閲覧）

もくじ

訳者まえがき　i
コラム1　性的虐待の被害と加害の関係　iii
コラム2　刑法の一部を改正する法律（二〇一七年）　iv
コラム3　性加害者の治療やその家族の支援を行う民間団体　ix
序文（リーサ・ヘルストレーム）　3
刊行によせて（アーノン・ベントヴィム博士）　6
第1章　ぼくは人間なの？　9
第2章　性的虐待と若年加害者――しばしば寄せられる質問　12
性的虐待とは何か？　12

若年者による性的虐待はどのくらい頻繁に起こっているのか？　15
若年加害者とは何歳のことを指すのか？　16
誰もが性的虐待の加害者になりうるのか？　19
若年加害者は自らも性的虐待を受けてきたのか？　20
若年加害者はペドファイル（小児性愛者）なのか？　21

第3章　六二人の若年加害者に関するデータ　24

第4章　きょうだい間の性的関係　28
癒しのために　30
強制された虐待　33

第5章　再婚家族内での性的虐待　37
加害者は義理の息子（一三歳）　38
被害者となった五歳の少女　42

第6章　里親家庭や施設における性的虐待　46
セクシュアリティにかかわる問題だけではない　50
被害者が加害者になるとき　54

第7章　近隣地域における子どもへの性的虐待　58
ベビーシッターのトミー　59

第8章　集団強姦　70
集団強姦に関するデータ　75
「支配されてしまった私」　79

第9章　低年齢の子どもの性的行動について　85
遊びなのか、それとも虐待なのか？　86
性的発達　88

虐待と見なすべき行為　89

正常と異常　91

性的行動に至る原因　94

年齢別のセクシュアリティに関する行為　97

「大きくなるまで待ち切れなかった」　100

症状―仮説―介入　104

ポルノグラフィーを浴びせ続ける　105

私たちにできること　109

第10章　リスク評価に潜む危険性　111

成人加害者と若年加害者の常習的犯行リスク　113

SVR―20（性暴力リスク）　115

リスク評価の一例　118

評価の不確実性　123

第11章 治療のための前提条件 127

何が起こったのかを突き止める 127
事件を深刻なものとして受け止める 130
対立する語り 132
ネットワークの視点 134
やめさせること、保護すること 137

第12章 強迫性周期的プロセスについての考え方 139

第13章 治療分野 145

①動機 146
②性的虐待が及ぼす影響 147
③虐待のパターン 149
④本人のライフストーリー——被害者としての自己 151
⑤被害者に対する感情 152

⑥自尊感情と自己イメージ 156
⑦セクシュアリティと性教育 157
⑧再発の防止 158

第14章 止めどない否認の嵐とそびえ立つ防御の塔 160

失感情症 162
解離 163
最小化 165
再解釈 166
責任転嫁 169
認知の歪み 172

第15章 マルティンの事例――記憶と承認 174

第一段階 177
第二段階 180

第三段階　182
第四段階　185
第五段階　186

治療――心理療法と教育　192

ささいなことから見いだす　193
内的葛藤と行動　194
解釈、トレーニング、指導、そして教育　195
思考と感情　196
自由と強制　199
話す、書く、描く、遊ぶ　200
理解と説明――変化のために　202
自由連想法と治療プログラム　205
現時点とあの時点　206
患者のニーズと動機、治療者の判断と決断　207

優先されるべき関係性　210

第17章 治療者自身の感情　211

ここに座っている理由　213
それほど悪いことではなかった　214
彼を苦しめる　216
嫌悪感　218
汚れた親父　220
優しさ　222
不安　225
無神経　227
憤怒　228
真実であるはずがない　230

第18章　ある少年の事例　232

評価面談　233
治療の枠組み　238
契約　240
治療の初期段階　241
ネットワーク会議　244
「俺は変態なんだろう」　247
二度目のネットワーク会議　250
難局　253
強気の発言　255
友達や女の子の話題　258
よき相棒ラルフ　260
ラルフとともに　262
新たな難局　263
危険な空想　267

時は過ぎて 270
「普通の人間みたい」 272
困難な局面 274
時は流れて 277
時は過ぎて 280
最後の面会 281

第19章 治療終了後のジムとの対話 282

あとがき（ルードヴィク・イグラ） 292
参考文献一覧 298

性的虐待を犯した少年たち——ボーイズ・クリニックの治療記録

他人からモノと見なされるような人生経験は、
その人の人間性を破壊する。
プリーモ・レーヴィ(*)

(*)(Primo Michele Levi, 1919〜1987)アウシュヴィッツ強制収容所から生還したイタリアの化学者・作家。『これが人間か(改訂完全版)』(竹山博英訳、朝日選書、2017年)で知られている。

序文

ボーイズ・クリニックが子どもたちの臨床治療をはじめたのは一九九〇年のことであった。私たちは、少女だけではなく、少年もまた性的被害者になりうるのだという事実を広く社会に示したいと願った。そこで、「セーブ・ザ・チルドレン・スウェーデン（Rädda Barnen）[1]」は、性的虐待を受けた少年に関する治療の記録として、一九九五年に『Boys-Sexual abuse and treatment』（iページ参照。『性的虐待を受けた少年たち――ボーイズ・クリニックの治療記録』太田美幸訳、新評論、二〇〇八年）を刊行し、この問題を社会に投げかけた。

ところが、性的虐待を受けた少年たちの治療を進めるうちに私たちはあることを発

セーブ・ザ・チルドレン・スウェーデン（レッダ・バーネン）の本部ビル
（出典：『性的虐待を受けた少年たち』22ページ）

（1）「訳者まえがき」を参照。

見した。それは、性的虐待の被害者としての少年が、比較的短期間のうちに今度は加害者となり得るという事実である。

国内外の調査によれば、子どもに対する性的虐待の加害者のうち、約三分の一が一八歳以下の子どもであるという結果も示されている。子どもの権利保護団体であるセーブ・ザ・チルドレンにとっては、こうした虐待を防ぐことが取り組むべき喫緊の課題となる。近年、ボーイズ・クリニックが若年加害者の治療に力を入れているのは、このような理由からである。(2)

若年加害者への着目は最近のことであり、スウェーデンにおいてもまだほとんど研究が進められていない。彼らの存在を早い段階で発見して治療を施すことは、自己破壊的な行為を止めさせるために必要不可欠である。なぜなら、その行為が根深いものとなり、被害者を生みだす深刻なリスクとなりうるからである。

私たちは、子どもたちの性的虐待リスクに及ぼす内外の要因についてより詳細に明らかにする必要がある。そのことによって、いかに性的虐待を防止し、止めさせ、保護し、そして治療を施すべきかを検討することが重要である。

本書は、子どもに対してさまざまな形で性的虐待を犯した六〇人あまりの若年加害者（その多くは男子である）を対象にした、約五年間の記録をまとめたものである。重要な事実や信頼できるデータは興味深いものであるが、何よりも、治療者がいかにして若年加害者と向き合っているのかという点に着目していただきたい。そこから学べることは、個々の状況、特徴、問題を理解することの重要性である。

若年加害者を加害から救うことは、人道的かつ予防的な行為となる。すなわち、この取り組みは、加害者である少年たちの人生を取り戻すだけでなく、性的虐待に関して被害の連鎖を防止するものともなる。ボーイズ・クリニックは、セーブ・ザ・チルドレン・スウェーデンの「子どもと若者のためのクライシス・センター」の一部局である。私たちが行ってきた臨床経験をさらに発展させることにより、困難のなかにある子どもたちに対して治療を施し、希望を与え、また性的虐待問題をめぐる国内外での議論を喚起することを望んでいる。

二〇〇一年二月　ストックホルムにて

リーサ・ヘルストレーム（Lisa Hellström）
（子どもと若者のためのクライシス・センター長、セーブ・ザ・チルドレン・スウェーデン）

（2）本書には、「若年加害者（Young offenders）」と「若年性加害者（Young sexual offenders）」という言葉が登場する。両者はほぼ同義であると考えられるが、原文では前後の文脈などに合わせて使い分けがなされているため、訳書においても原文に即した訳し分けを行っている。

刊行によせて

現代の性的虐待分野に関する研究を確立した重要な出版物の一つとして数えられるのは、アメリカの社会学者デイビッド・フィンケラー（David Finkelhor）による性的虐待を受けた子どもたちに関する研究（一九七九年にNew York Free Pressから刊行）である。性的虐待を経験したという男女の生徒らを対象としたこの研究で彼が明らかにしたことは、その被害の多くが同世代の若年層から受けたものであったという事実である。だが、当初の治療活動においては父娘間の近親姦に力点が置かれており、少年が受ける虐待あるいは子どもや若年層による虐待行為に対しては過去一〇年前くらいまで見過ごされてきた。

セーブ・ザ・チルドレン・スウェーデンが設立したボーイズ・クリニックは、このような関心のアンバランスな状態を正し、性的虐待を受けた少年たちが何を必要としているかを明らかにするために重要な役割を担ってきた。それまで、性的被害を受けた少年たちはしばしば沈黙のなかにいたのである。このような経緯を踏まえれば、クリニックのチームが虐待行為を行った少年たちを対象とするようになったのも必然の進展であったといえよう。

性的虐待は、身体的虐待やネグレクト、ケアの欠如などといった虐待経験の積み重ねともあいまって、被害を受けた少年に苦痛感情を引き起こさせる。その感情は怒りと性的興奮が奇妙に入り混じったものとなり、やがて虐待パターンへと向かわせてしまう危険性をはらんでいる。

筆者たちは、本書で描かれる若者たちとともに歩んだ治療活動をもとに、このプロセスを明らかにしていく。確立された原則に基づく手法をもとにして治療に取り組まれたが、質問票や著述、図面、読解療法を採りつつ、精神力学的療法に変更を施していく重要性についても認識されていた。そのことが、虐待の事実を客観的に捉え、傷ついた若者たちの本来の姿を浮き彫りにするという本書の特徴となった。

こうした若者たちとかかわりあうという困難な過程を筆者たちは描いていく。そして、他者の存在を退け、卑小化してこざるを得なかった若者といかに愛着感情を築いていくのかという道筋を読者に提示していく。描かれる若者のなかには、自ら望むのではなく強制的な治療を受けている人もいる。こうした若者たちに対して、思いやりをもちながらも確固とした方法で治療にあたることが鍵である、と筆者たちは示していく。そのことが、犯罪者としての人生ではなく、別の人生へと導くことにもつながっている。

本書ではまた、治療のなかにおいて、少年加害者が治療者に対してどのような気持ちを抱かせるのかについても検討している。誘発された反応やそれに対する見解は、少年との向き合い方に悩んでいる治療者への一助となるだろう。生きることへの洞察を加えつつ、虐待経験を起こす初期段階にいる少年とのやり取りから、極めて危険な虐待の可能性を有するに至った少年とのやり取りまで、さまざまな事例が示されている。これまで闇のなかにあったこれらの点に光を当て、多様な治療経験を紹介したのが本書である。

ボーイズ・クリニックが行ってきた経験とは、まさに子どもや若者たちの権利を保護するために誠実かつ寛大な態度で真っ直ぐ彼らと向き合う試みであった。それは、彼らが幼いころに受けた過酷な虐待経験に対抗するものである。本書は、こうしたボーイズ・クリニックの優れた経験を明らかにするものである。

アーノン・ベントヴィム博士（Dr Arnon Bentovim）
（コンサルタント精神科医、ロンドン・子ども家庭相談局）

第1章 ぼくは人間なの？

ある日、スウェーデンの主要日刊紙に小さな記事がひっそりと掲載された。そこには、六歳の男の子が知り合いの大人から性的虐待を受けたという内容が書かれていた。記事によれば、加害者は虐待の様子をビデオテープに録画していたという。その後、ビデオテープの中身は警察の捜査において調べられている。そこには、虐待の最中に少年が次のように叫ぶ姿が記録されていた。

「ぼくは人間なの？」

少年が提起した問いは、人間の実存にかかわる極めて重要なものである。つまり、その問いは、生きること、個人の統合性の限界、そして虐待や屈辱を耐え忍ばなければならないという人間の極限状態を示しているのである。少年のこの問いに対する答えがどういったものだったか私たちは知らないし、少年がその答えをこれから得るのかどうかも分からない。明らかなことは、これからも彼やその他多くの人びとによってこの問いが繰り返し発せられるということである。

小さな子どもに対する性的虐待ほど加害者に対して憤りをもたらす犯罪がほかにあるだろうか？

「この加害者は果たして人間といえるのか？」

性的虐待の加害者に対して無期懲役、去勢、さらには死刑を求める人びと、あるいは有罪判決を受けた性犯罪者の名前を公表するように求める人びとはこのように問いかけている。

子どもの性的境界をさまざまな方法で越え、罪を犯してしまう少年たちとの出会いにおいて、これらの問いは発せられるか否かにかかわらず常に重要なものとして浮かび上がってくる。加害者となった少年は、人間にかかわるさまざまなことに対して疑念の気持ちを抱いている。生命の神秘、セックスや愛、生と死、善と悪、そして自らがどのような人間であり、今後どのような人間になろうとしているのか。

ある若年加害者が、自分のことを次のように言った。

「俺なんて、撃たれて死んでしまえばいいんだ。俺は犯罪者で、ペドファイル（小児性愛者）で、醜くて、ニキビ面（づら）なんだ」

彼の言葉は、加害者に対して加えられる徹底的な非難や非人間化がどのようなものかを表現しているといえるだろう。

もし、冒頭の問いに対する答えが導かれないまま放置される場合、その答えはこのように冷酷なものとなる危険性をはらむことになる。そして、こうした冷酷さが少年の内側と外側に向けられ、自らの自尊感情を傷つけるだけでなく、他者に対する暴力や虐待といった身体的表現を伴うものとなる。その結果、被害者の人生だけでなく自らの人生も破壊してしまうことになる。

このように、自分のことを正常ではなく、卑劣で邪悪だと思っている人のほうが他者に対して暴力的になる傾向が強い。自らを醜く邪悪な存在として見なして生きるほうが楽だ、と考える人たちがいるということだ。しかし、重要なことは、そうした態度を変化させる希望もまた他者とのかかわりのなかに見いだせるということである。

本書は、そうした出会いについて描かれたものである。

希望への出会いを求めて私たちのもとにやって来た少年たちは、自らに植えつけてきたイメージを変えようと真剣に努力してきた。新たな人生やまだ見つけ得ぬ回答への切なる思いとともに、彼らは自らと向き合い、治療に取り組んできたのだ。私たちは、こうした彼らの経験、そして声や物語を通じて、若年加害者や性的虐待の治療にかかわる疑問に対する答えをいくつか得ることができた。

第2章 性的虐待と若年加害者——しばしば寄せられる質問

性的虐待とは何か?

スウェーデン刑法第六章では、性犯罪と見なされる罪として、「強姦」、「子どもに対する強姦」、「子どもに対する性的搾取」、「子どもに対する性的虐待」、「自分の子どもやきょうだいとの性交」、「性的様態表現への子どもの利用」、「子どもからの性的行為の購入」、および「性的嫌がらせ」などを挙げている。(1)

性的な嫌がらせは、通常、身体的な接触なしに行われる。たとえば、性的なものの露出、のぞき見行為(他人の裸の状態あるいは性的もしくはその他の「プライベート」な状況を隠れて見ること)、そして卑猥な発言や電話・手紙などといったものが挙げられる。子どものポルノ写真の作成や所有も非合法である。

身体的な接触を有する性的虐待としては、手による性的接触が挙げられる。一例として、加害者が被害者の性器や胸を触る場合が該当する。逆に、被害者が加害者（女性である場合）の性器や胸を触るよう強要される場合も当てはまる。また、口腔による性器との接触もある。加害者の性器をしゃぶったり舐めたりするように強要されたり、逆に加害者が被害者の性器を舐めたりしゃぶったりする場合が当てはまる。さらに、身体的な挿入がなされる場合もある。加害者による被害者の口、膣、あるいは肛門への挿入、その逆を加害者に行うように強要するケースが当てはまる。

スウェーデンでは、自分の意志で性的関係に関して同意が可能となる年齢は一五歳以上と定められている。この定義に従えば、一五歳未満の子どもが互いに性的関係を結ぶことは認められていない。

---

(1)　スウェーデン刑法の第六章は、二〇〇五年、二〇一三年および二〇一八年に大幅な改正がなされている。原著では旧第六章の定義が引用されていたため、原著者に了解を得たうえで訳者が現第六章の定義を引用し直した。二〇〇五年の改正は、現代社会における子どもの性的な侵害を防止することの重要性が増していることを踏まえ、子どもの性的侵害に対する保護の促進と性的統合性の強化が主たるねらいとされていた。また同時に、用語の現代化や性犯罪の体系的把握も目指されたという（坂田仁、二〇〇五「スウェーデン刑法第六章（性犯罪）の改正について」『法学研究』慶應義塾大学法学研究会、第78巻8号、三五～五四ページ参照）。二〇一八年の改正の主眼は、「強姦」の定義を暴力や脅迫などを伴う性行為から双方合意なしの性行為全般に広げることであった。

いないし、一五歳以上の人間が一五歳未満の子どもと性的関係を結ぶことも認められていない。

このように、違法な性行為を定義する包括的な法的枠組みは存在している。しかし、虐待という性格を帯びる性行為を扱ったり、正当な性行為とは何かを扱おうとすると、こうした枠組みをつくることが困難な場合もある。

性行為における虐待的要素の有無を確定するうえで重要なことは、同意がきちんとなされたのかどうかを見極めることである。つまり、強制や脅しのもとで行われるセックスは常に虐待と見なされるということだ。

年齢の差もまた重要となる。成人や若年者の性的欲求を満たすことを目的として幼い子どもに手を出した場合は明らかに性的虐待と見なされる。この場合、被害に遭った子どもが強要されていたか否かは関係ない。低年齢の子どもの場合、その行為がどのような意図をもっていて、いかなる結果をもたらすのかについて理解することができないからだ。そのほかにも、立場の強弱を利用した虐待がある。具体的には意思能力の違い、恐喝（口止め行為や脅迫）、身体の不自由さ、お酒に酔っている状態などを利用するといった状況が挙げられる。

若年者同士がセックスを行うことに関しては、その行為が虐待の性格を帯びているか否かを見極めることが容易ではなく、グレーゾーンに置くべきであろう。パーティーで興奮した若い男性は、同じく興奮した若い女性であればセックスを拒絶しないだろうというだけの理由で、その女性も同様の行為を望んでいると思い込むかもしれない。こういった状況下においては、その女性が拒絶できなかったことがどのように「同意」と見なされたのかが問題となる。

若年加害者は常に少年とはかぎらない。時折、私たちは加害者となった少女に出会うこともある。当然のことだが、女性の犯罪者も少年や男性の犯罪者と同様に解釈するべきである。

若年者による性的虐待はどのくらい頻繁に起こっているのか？

若年者による性犯罪においては、成年加害者による性犯罪と比較して報告されることのない割合が高いと考えられている。とりわけ、きょうだい間の虐待や知り合いの若年者間での虐待の場合にその傾向が見られる。加害者が、自身あるいは親戚の子どもであったり、兄やいとこである場合、虐待の事実を報告するのにためらいが生じるといったことがその背景にある。

ある国際的な研究によるが、成人の性犯罪者の半数以上が一〇代のころに最初の性犯罪を行ったというデータがある。また、一八歳以下の性犯罪者は全体の約三〇パーセントに上るという結果も示されている（Glasgow, D. at al., 1994）。カロリンスカ研究所のロングストレームは、若年の性犯罪者に関する研究を以下のように要約している。[2]

あるアメリカの統計によると、成人に対する強姦の一五～三〇パーセント、および子どもに対する性的虐待のうち三〇～五〇パーセントが一八歳以下の若年者によるものであったというのである（Långström, 2000）。ボーイズ・クリニックで行った研究（Svensson, 1998）では、子どもに対する性的虐待を行い、クリニックで治療を受けた加害者のうち二四パーセントが一八歳未満であった。

若年加害者とは何歳のことを指すのか？

ある六歳の子どもが九歳の子どもから性的虐待を受けているとしよう。六歳の子どもは、威圧的に脅迫されて身体への挿入を受け入れてしまった。その結果、怯えた精神的・身体的症状を呈している。この六歳児は、明らかに性的虐待の被害者と判断される。しかし、九歳の子どもは加害者となるのだろうか？

彼の場合、より年長の子どもと同じ意味における加害者と判断することはできない、と私たちは考えている。九歳という年齢では、自らの行動がもたらす結果の意味に気づいたり、理解したりすることができない。つまり、この九歳児は、彼自身が抱えている問題を攻撃的な性行為によって表しているということだ。彼もまた、被害者と同じように何らかの異常な性行為に苦しんでおり、助けを必要としている存在と見なすべきだろう。

このように、ほかの子どもに対して性的暴行を加える思春期前の子どものことを考える場合、成人と同様の定義を用いることは適切とはいえない（詳細は、第9章の「低年齢の子どもの性的行動について」を参照）。なぜなら、そのことが負の影響を及ぼし、彼やその家族に対する適切な治療を妨げる恐れがあるからだ。幼い子どもによる行為に対して「性犯罪」とか「強姦」というレッテルを貼ることは、その保護者が社会サービス局[(3)]や治療者と協力しながら建設的に問題解決するための助けとは決してならず、彼らにショックを与え、問題解決を妨げることにもなりかねない。

若年加害者を扱う場合においては、通常、一三歳から一七歳の人物が対象とされている。ただし、犯罪記録や司法精神医学の分野におけるいくつかの研究に基づけば、対象年齢の上限は二〇歳まで引き上げられることになる（Långström, 1999）。

（2）（Karolinska Institutet）一八一〇年に創立されたストックホルムにある国立医科大学で、「カロリンスカ医科大学」とも呼ばれている。医学系の単科教育大学としては世界トップクラスを誇り、ノーベル生理学・医学賞の選考委員会が置かれている。

（3）（Socialtjänst）地方自治体が提供する社会サービス全般を担当する部局で、社会サービス法（一九八〇年制定、現行法は二〇〇一年制定）に基づき、児童福祉、障がい者福祉、高齢者福祉のほか、犯罪被害者の保護、薬物中毒者の支援、親族の介護にあたる人の支援などを行い、虐待や家庭内暴力などの解決にもあたっている。

これらの点を踏まえ、ボーイズ・クリニックでは「若年加害者」の対象を一三歳から一八歳としてきた。一二歳以下の子どもを対象とする場合には、その定義によらず、性的行動の問題として扱ってきた。当然ながら、こうした年齢は固定されているものではない。若年加害者の基準を満たす思春期に達した一二歳もいるし、一四歳に達していても、発育の遅れや多少の精神発達遅滞が見られるためにより低年齢を対象とした対応が求められる場合もある。

若年加害者の定義を一八歳未満として行われたいくつかの研究においては、平均年齢に関して明瞭な結果が出ている。たとえば、若年加害者一六〇〇人を対象として行った大規模な研究では、その平均年齢が一四歳であったことが示されている（Ryan, G. et al., 1996）。また、ボーイズ・クリニックも参加したスウェーデンの「GRUFプロジェクト」[4]でも、七〇人の若年加害者を対象として研究を行っている。その結果、虐待を犯した当時の平均年齢はやはり一四歳であった。若年加害者のほとんどが一三歳から一六歳に集中していたのである（Kjellgren, 2001）。

加えて、ボーイズ・クリニックを訪れた六二人の若年加害者の平均年齢も一四歳強（一四・五歳）であった。また、ボーイズ・クリニックで治療を受けた被害者に対する若年加害者の平均年齢も一四歳であった。

誰もが性的虐待の加害者になりうるのか？

私たちの経験からいえば、一四歳の誰もが性犯罪の加害者になりうるわけではない。加害者は、何らかの理由でいじめを受けたり、仲間はずれにされたりして、同世代の友人がほとんどいないということが多い。おそらく、これが理由で加害者となる若年者は、しばしば近所にいる年下の男の子や、きょうだいあるいは異父（母）きょうだいと遊ぶといった環境に置かれている。

一四歳という年齢は思春期のただ中にあり、少年に対する過去のいじめや社会的疎外によってもたらされた攻撃性が異常な形で性的なものに変化する場合がある。一方、被害を受ける側の幼い子どもは、年上の男の子に対して憧れの気持ちを抱くことが多いため、性行為に巻き込まれたとしても「口止め」や「脅し」によってその事実が長い間伏せられてしまうという場合が多い。事実、ボーイズ・クリニックを訪れた若年加害者から被害を受けた多くの人たちは、加害者の近所に住む年下の子どもであった（第3章を参照）。

（4）（gruppterapi med unga förövare：若年性加害者のためのグループセラピー）一九九六年から一九九九年まで、ボーイズ・クリニックほか複数の専門機関が実施した共同研究。性暴力を犯した若年者の診断と治療に関する知見を向上させることを目的としていた。

若年加害者は自らも性的虐待を受けてきたのか？

若年男性加害者のうち、自らも性的虐待を受けた経験を有している割合は約三分の一であることを、いくつかの先行研究および自身の研究から示した研究者もいる（Kjellgren, 2001）。また、ボーイズ・クリニックを訪れた六二人の若年加害者のなかには、一三人が性的虐待を受けたという経験をもっていた。

先に挙げたロングストレームの研究においては、若年加害者の約半数が、身体的に虐待を受けたことがあったり、親からネグレクトを受けたり、あるいは家族内で起こった暴力を目撃したという経験をもっていたことが明らかにされている（Långström, 2000）。とはいえ、こうした悪条件を有している割合は、私たちが対象としている若年加害者よりも性犯罪ではない罪を犯した若年犯罪者のほうが高い。言い換えると（過去の研究に基づけば）、少年の場合、性犯罪に結びつく背景要因とその他の犯罪に結びつく要因とを明確に区別することは不可能であるということになる。

若年犯罪者の約五パーセントは女性である。若年女性加害者の場合、被害を受けた経験と犯罪行為との相関関係はより高くなる。ロングストレームは、対象としたすべての若年女性加害者が性的虐待を受けたという経験があったことを研究結果で示している（Långström, 2000）。また、性犯罪を行った少女や女性の七七パーセントが、過去に自らも性的虐待を受けてきたという数字を挙げている研究報告もある（Matthews et al., 1997）。

他方、性的虐待の被害者のうち、性的虐待の加害者となるのはごく一部である。ロングストレームは、小児時代に性的虐待を受けた人のうち、大人になってから性的虐待の罪を犯す割合は一〇パーセントにも満たないという研究結果を報告している。性的虐待を受けた経験が、将来、性犯罪につながる危険要因となることは確かである。しかし、それはその他さまざまな要因の一つでしかない。したがって、この点に関して単純な因果関係を構築することは不可能であるといえる。

若年加害者はペドファイル（小児性愛者）なのか？

「ペドファイル」という言葉は、子どもを虐待する性加害者に対して付与される集団的なレッテルのようなものになってしまった。このような概念を、ここで一旦整理してみたい。

ペドフィリアとは、性的に逸脱し、異常な性欲をもつことと見なされている。ペドファイルの性的嗜好は、主に思春期前の子どもに対して向けられている。その嗜好はというと、一時的なものではなく永続的なものである。突然、ペドファイルの考え方を変える何かがあるわけでも、性的逸脱をもたらす特定の出来事があるわけでもない。むしろ、その嗜好は、大人に性的な関心を向けることに対する発達の遅れと関係しているといえる。

ある研究によると、ペドファイルの大人としての性的アイデンティティの獲得は、発達の段階で止まってしまったと考えられている（Kwarnmark & Tidefors-Andersson, 1999）。ペドファイルは、幼い子どもに対して性的関心を起こすだけではなく、幼い子どもといっしょにいることで安心感を覚えるのだ。つまり、ペドファイルは大人よりも子どもといるほうが居心地がよいということである。

幼い子どもへの性的な関心がどの程度の期間続くかについては、ペドファイルの嗜好を有するか否かを判断するうえで重要な点となる。アメリカ精神医学会の『精神疾患の診断・統計マニュアル　第四版(5)（DSM-IV）』によれば、以下の基準に当てはまる場合に「ペドフィリア」と診断されている。

❶思春期前の一人または複数の子ども（通常一三歳以下）に対する強烈な性的空想、性的衝動、または行動が、少なくとも六か月以上にわたって反復して持続する。

❷こうした空想、性的衝動や性的行動によって、臨床的に著しい苦痛がもたらされる。あるいは、

これらが社会生活、職業、その他の重要な分野において障害となる。

❸少なくとも一六歳以上で、性的空想あるいは性行為の対象となる子どもよりも五歳以上年上である。

この基準に従えば、一六歳未満の子どもはペドファイルとは診断されない。若年加害者の大半は一三歳から一六歳の間であり、自分より年下の子どもとセックスしたいというような欲求が持続するのか否かは明らかではない。したがって、若年加害者をペドファイルの嗜好をもっているかのように扱うことは妥当とはいえない。

（５）二〇一八年現在における『精神疾患の診断・統計マニュアル』の最新版は第五版（ＤＳＭ－５）である（日本語版用語監修：日本精神神経学会、高橋三郎ほか監訳、染矢俊幸ほか訳、医学書院、二〇一四年）。第五版では、ペドフィリア（Pedophilia）ではなく「小児性愛障害（Pedophilic Disorder）」という診断名が用いられている。

第3章 六二人の若年加害者に関するデータ

本章では、性犯罪の加害者となり、ボーイズ・クリニックで治療を受けていた子どもや若年者たちの概要を明らかにする。

前章において私たちは、「性的虐待の若年犯罪者」の年齢に関する定義を述べた。またそこでは、性的行動に問題を抱える子どもと若年加害者についての区別も行っている。その年齢のボーダーラインは一二歳から一三歳の間となる。この点については、私たちだけでなく、当該分野におけるほかの専門家も同様の見解を示している。

本章で紹介する事例には一二歳未満の子どもも含まれている。こうすることで、私たちが検討していく問題の複雑さが明らかにできると考えているからだ。

・私たちが治療にかかわったのは、八二人の子どもを性的に虐待した六二人の子どもと若年者である。そのうち、男子は六一人で女子が一人であった。

・虐待を犯した六二人の当時の平均年齢は一四歳強であった。年齢の幅は八歳から一七歳であり、うち六人が一二歳以下であった。

・加害者のうち一三人（二一パーセント）が自らも性的虐待を受けたという経験があった。

・加害者のうち六人（一〇パーセント）が、知的障害の子どもを対象とした特別支援学校に登録されていた。また、被害者のうち四人（六パーセント）が知的障害を抱えていた。

すべての性犯罪は、いわゆる直接的なものであった。つまり、被害者は脅迫されたり騙されたりして身体的接触を伴う性行為に巻き込まれていたということだ。

・加害者のうち二二人（三五パーセント）が虐待を犯すために暴力を用いていた。ここでいう暴力とは、「殴る」、「窒息させる」、あるいは「拘束する」ことを意味する。

・加害者のうち一三人（二一パーセント）が二人以上の被害者に対して虐待を行っていた。そのうち八人が男子と女子の両方に、三人が男子のみに、二人が女子のみに虐待を加えていた。

・被害者は、三九人の男子と四三人の女子である。被害者の年齢層は三歳から一六歳に広がっており、平均年齢は九歳となる。男子被害者の平均年齢は女子に比べると若干高い。すなわち、

図１　被害者の性別・年齢別の人数

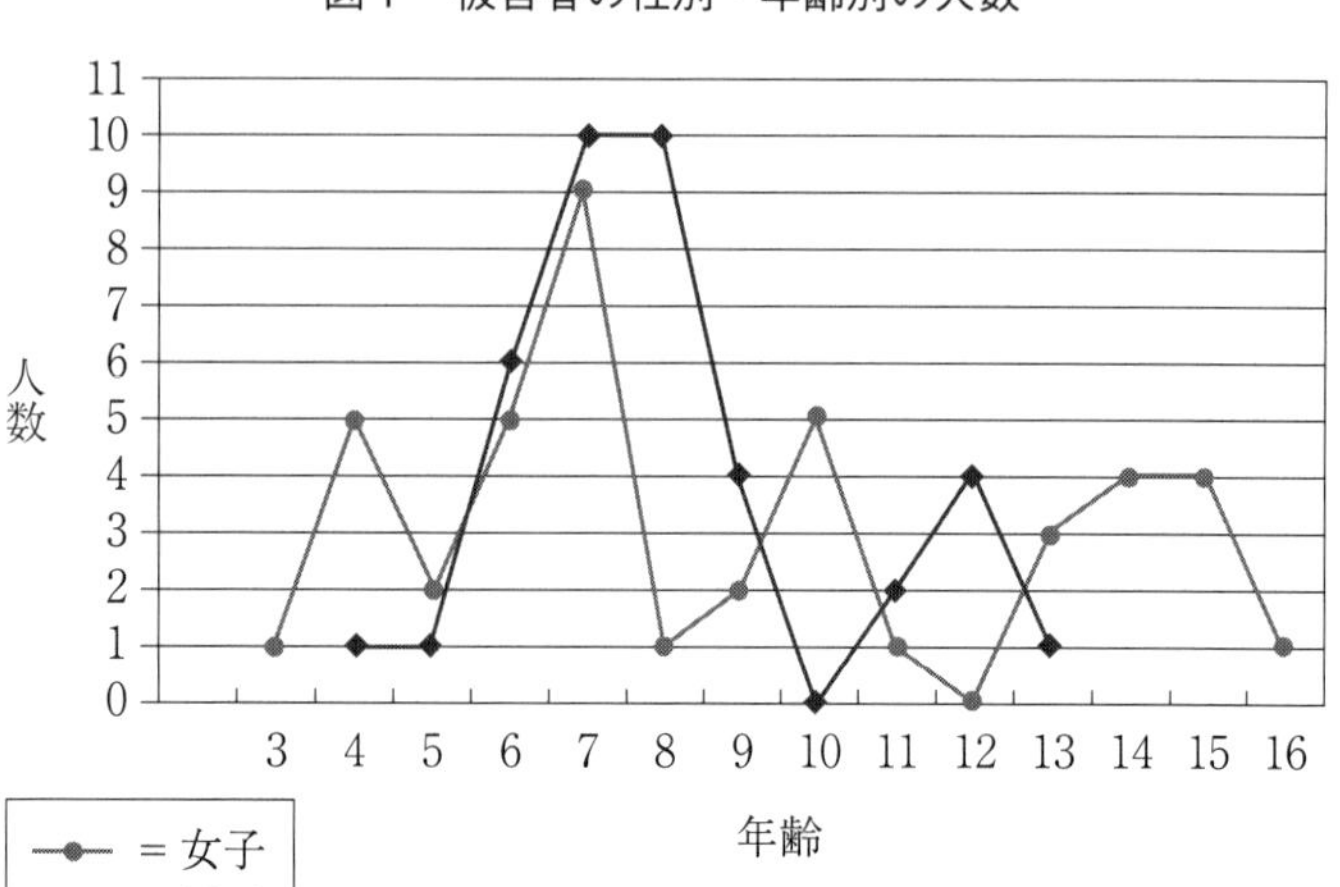

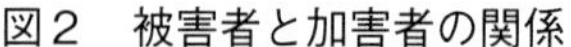

図２　被害者と加害者の関係

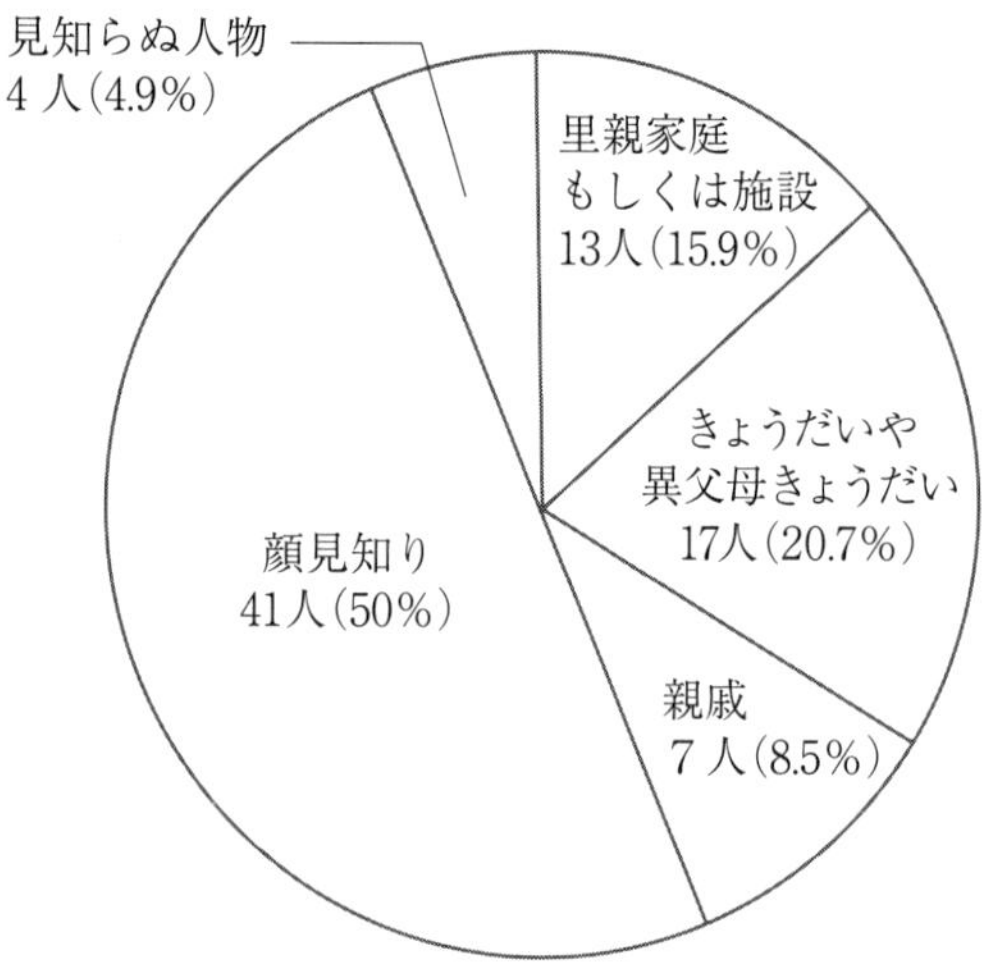

男子被害者の平均年齢が九・二八歳であるのに対して、女子被害者の平均年齢は八・六九歳となっている（**図1**参照）。

・八二人の被害者が性的虐待を受けた場所や相手との関係については以下のとおりとなる。里親家庭もしくは施設の中で虐待を受けたのは一三人（一五・九パーセント）。家庭内できょうだいや異父母きょうだいなどから受けたのは一七人（二〇・七パーセント）。親戚から性的虐待を受けたのは七人（八・五パーセント）。加害者と直接の関係はないものの、顔見知りから受けたのは四一人（五〇パーセント）。そして、顔見知りでもない人物から性的虐待を受けたのは四人（四・九パーセント）であった（**図2**参照）。

第4章 きょうだい間の性的関係

当時、カールは七年生(1)で一三歳だった。通っていた学校からわずか数ブロック先に住んでいた。彼の姉は一四歳で八年生だったが、時々、風邪やその他の理由で家にいることがあった。そんなときカールは、学校の昼休憩の間、男友達をよく家に「招いて」いた。そのあとに起こることは、毎回決まって同じパターンであった。

カールと姉がレスリングの試合をはじめる。接戦の末にカールが勝つと、姉の腹部に座って腕を床に押さえつけ、身動きができないようにするのだ。頭を左右にねじってカールの腕に噛みつこうと姉はするが、うまく届かない。このような行為が進むにつれて、姉の感情は怒りと笑いの間を行き来する。二人は、こんなふうに取っ組み合いをしていた。

カールのクラスメートはというと、取っ組み合いの一部始終を立ち見している。そして、姉が抵抗を止めた途端、みんなが一斉に姉のところへやって来てしゃがみ込み、彼女の胸を触った。

そうすると、彼女は再び「キャー」と叫んで体をねじって自由になろうとする。クラスメート全員が彼女の胸を触り終えると、カールはようやく腕を離す。姉は起き上がり、カールの顔に平手打ちをくらわせ、自分の部屋に戻っていく。そして、カールとクラスメートは、にやにやしながら学校へ戻っていった。姉は、一切この出来事を親に打ち明けなかった。

暴力的な性質をもつ性行為がきょうだい間で実際どの程度頻繁に起こっているのかについては明らかになっていないが、報告されている件数は実態よりも少ないと考えられる。自分の子どもに対して「申し立て」をしようとは思わない親がいるということだ。

一七〇人の若年加害者に関する研究が行われている。対象となった加害者は、次の三つのグループに区分された。まず、自分のきょうだいを虐待した加害者たち。次に、家族以外の子どもを虐待した加害者たち。そして、大人を虐待した加害者たちである。

きょうだいに対する加害者グループは、他の二つの加害者グループと比べて、複数の虐待をより長期間にわたって行っていた。さらに、このグループの場合、より深刻なケースが多かった。すなわち、被害者は膣や口への挿入を受ける傾向が強かったのだ。これを調べた研究者は、きょうだい間の虐待の場合、加害者は被害者により近づきやすいこと、また虐待をめぐる秘密性の度

（1）　スウェーデンの義務教育は九年制で、一年生から九年生までが基礎学校（grundskola）で学ぶ。

合いが非常に高く、発見されるまでに長い時間がかかることを理由として挙げている（O'Brian, 1991）。

別の研究報告では、きょうだい間の虐待は全体の六パーセントから三三パーセントを占めるとされている。この研究によると、きょうだい間の虐待は二つのカテゴリーに区分される。一つは、性的特徴を互いに見つけ合うもの。もう一つは、より嗜虐的性格をもった虐待で、しばしば身体的な暴力を伴うものである（Pierce & Pierce, 1990）。

ボーイズ・クリニックにおける研究では、性的虐待を受けた子どものうち七パーセント、若年加害者による虐待のうち三分の一がきょうだい間の虐待によるものであった。この研究では、被害者が男の子であったこともあり、多くの場合、きょうだい間の虐待は他の身体的な暴力と結びついていた（Svensson, 1998）。

我々の見解では、きょうだい間において年齢や知的発達の面で大きな差がない場合、性的特徴を「互いに見つけ合う」ような行為は虐待と見なすべきではないと考えている。

癒しのために

「ヘンゼルとグレーテル症候群」について述べている研究者がいる（Furniss, 1991）。よく知られているように、小さなヘンゼルとグレーテルは生活に困った父親と継母によって森の中で置き去りにされてしまうという話である。置き去りにされた二人の子どもたちは、安全・安心を確保し、生き抜くために完全なる依存状態に置かれる。子どもの安全要求が満たされない場合、また親の薬物乱用や精神疾患が理由で家族体系が崩壊してしまった場合、あるいは親自身が抱える問題のために子どもから目をそむけてしまうような場合に起こることは何だろうか。子どもを心理的に放棄するということは、森の中に子どもを放棄するのと同じくらい残酷なものである。

一一歳になる少年の家の境遇はこのようなものであった。その少年は、一五歳の兄のペニスをしゃぶる行為を何度もしていたことを教師に告白した。教師が社会サービス局にその情報を伝えると、兄は裁判所の命令によって保護下に置かれ、虐待リスクにかかわるアセスメントが行われることになった。

その間に、この家族はボーイズ・クリニックを紹介された。ところが、ボーイズ・クリニックの治療者と会った一一歳の少年は、今回のことについては「単に兄が悪いわけではない」と主張したのである。つまり、少年は兄から強要されて行っていたわけではなかったのだ。では、なぜこのことを教師に告げたのかというと、「ちょうどそのとき、兄に対して怒っていたからだ」とその少年は述べている。

その後に明らかになったことは、この二人の少年たちは著しいネグレクトを受けていたという事実であった。母親は最近まで重度のアルコール依存状態であり、しばらくの間、回復のための支援グループに参加していた。父親はタクシーの運転手として働いていたが、勤務時間がとても不規則なため、家族とのかかわりをできるだけ避けようとしていた。また、兄弟間の知的発達の度合いは、実際の年齢よりもずっと小さな違いでしかなかった。つまり、兄には知的な遅れが若干あり、弟とほぼ同じ精神段階にあったということだ。

家の中は荒れ放題だった。子どもたちに決まった寝場所はなく、いつも違うところで寝ていた。仕事が終わって帰宅した父親も、空いているソファやベッドを見つけては寝ていた。家族がいっしょに食事をすることは稀で、冷蔵庫の中にあるものを適当に探して、テレビを見ながら食べるというのが常であった。

家庭内での会話はというと、荒っぽくて攻撃的なものだった。母親が子どもに言い聞かせたり、宿題をさせたり、登校時間を守らせようとすると、子どもたちは母親に向かって「ちくしょう、デブ」とか「このやろう」などと言ったりしていた。適当によそよそしい態度を取っていた父親だが、激怒すると子どもを殴ったりすることもあった。何か問題が起これば互いに責め合い、非難や罵りの応酬になるという日々であった。

二人の兄弟は、唯一の「癒し」を双方から得ていた。小さいころからよくいっしょにベッドで寝て、その中で二人は近づき、丸まって横になっていた。このように二人寄り添って寝ることは、不安な家庭環境から身を守る方法だったのかもしれない。

やがて、その近さが性的なものへと変化していくことになった。どちらが何を言うまでもなく部屋の中に閉じこもり、洋服を全部脱いでから「最初にちょっと抱き合って」、それから交代でマスターベーションをしたり、互いの性器をしゃぶったりするようになった。二人とも、どうしてこうした状況が生まれたのかについて説明することはできなかった。「なんとなく、そういうことになったんだ」と彼らは言っている。

社会サービス局によるアセスメントが終わり、兄が家に戻ってきた。家族は、ボーイズ・クリニックで数年にわたる治療プログラムに参加することになった。治療の重点は、自他の境界、相互尊重、親の役割の働き、に置かれた。彼ら二人は、異なる治療者による個別の会話療法を同じ時間に受けた。やがて兄弟間の性的な依存がなくなり、家族の関係も改善されていった。

強制された虐待

きょうだい間の虐待においては、相手に対して性行為を強要するような、加虐的な性質を伴うものがより一般的である。そうした虐待は、しばしば身体的な暴力を伴うことになる。ここでは、少し年上の親戚から性的虐待を受けたためにボーイズ・クリニックで治療を受けることになった一四歳の少年を例として取り上げることにする。

治療が進む間、母親は八歳になる弟のことを心配するようになった。この弟には心的外傷後ストレス症状が見られるようになり、集中力の欠如、悪夢を見る、パニック発作などの症状が現れていた。言うまでもなく、学校などでの成績もよくなかった。

その後、治療を受けていた一四歳の少年が、時折、弟に性的虐待を行っていたことが判明した。彼は弟に対して威圧し、脅迫し、殴る行為さえしていたという。

少年たちの両親は離婚していた。この虐待を発見したのは、弟と長時間にわたる会話をした父親である。母親と同じく、父親もこの息子が何か問題を抱えていることに気づいていた。以前、母親は、一四歳の兄が弟に対して「乱暴に」振るっていると訴えていた。母親の家で暴力が起こっているのではないかと疑問に感じた父親は、兄弟間で起こっている何かを正確に知ろうと決意したのである。

虐待は次のようにして起こっていた。

兄弟が二人きりで家にいるとき、電気を消した兄の声が恐ろしく凄味のあるものに変わり、怯えきった弟を家中追いかけ回していた。弟を捕まえると、喉あたりに両手を当てて、「お前はもうすぐ死ぬんだ」と言ったという。そして彼は、無理やり自分のペニスを触らせたり、しゃぶらせたりしていた。

弟が父親に話したことを聞いた母親は激しいショックを受けた。兄も、性的虐待で苦しんでいた。それにもかかわらず、なぜ弟に対してそんなことができるのか……。母親は自分の子どもが行ったことが理解できず、気が狂いそうになった。

以下に記したのは、子どもたちの間で起こったことを知った母親が語ったものである。ここでは、弟の名前を「エーミル」、兄を「ニクラス」という仮名にしている。このインタビューは、兄弟間の虐待が発見された一年後に行われたものである。

ニクラスが親戚から性的虐待を受けていたことは本当にショックでしたが、子どもへの愛は何が起ころうとも変わりません。ニクラスのことを理解し、元気づけ、そばに寄り添ってきました。でも、ニクラスが同じことをエーミルに行ったと知ったときは、それを乗り越えることはとても困難でした。何というか、嫌悪感に苛まれ、これが事実であるはずがないと考えました。

ニクラス本人がそのことで苦労してきたはずなのに、どうして同じことをしたのか。嫌悪感と怒りでいっぱいでした。最初の一か月は、ニクラスを自分の息子だと思いたくないという気持ちが続きました。ニクラスに降りかかった出来事を知ったときよりもショックが大きかったのです。

今では、何が起ころうともニクラスを愛し続けると決めました。でも、「何としてでも彼を犯罪者にさせない」と考えていると苦しい気持ちになります。ニクラスが性犯罪者や子どもへの性的虐待者になるなんて嫌です。彼が、子どもに性的虐待をして回るような陰険な青年とか淫らな大人になっていくなんて嫌です。こんな考えがどうしても頭をもたげてしまって、とても辛いです。とくに、ニクラスの状態がよくないときには、こんなふうに考えてしまうのです。

将来がどうなるのか、考えることができません。怖いんです。もうすぐ一年が経つというのに、いまだにエーミルとニクラスの関係はとてもピリピリした状態となっています。

このケースにおいては、ボーイズ・クリニックの二人の治療者が四年間にわたって家族四人と定期的なやり取りを行っている。長い間、ニクラスは心を閉ざしたままの状態であったが、次第に心を開き、反応を見せるようになった。一方エーミルは、恐怖や不安をかなり克服していった。

息子が再び性犯罪を行うのではないかという母親の不安は、根拠のないものだということが明らかになった。そして、子どもたちは、一定の週末や休日を除いて、両親のもとで別々に暮らすことになった。

第5章 再婚家族内での性的虐待

ある再婚家族のなかで、一方の親の子どもがもう一方の親の子どもから性的虐待を受けていたことが分かったと仮定しよう。こうした状況において、血縁関係のない親と子どもの関係はどうなるのだろうか？　また、パートナーとの関係はどうなるのだろうか？　再婚家族内における大人と子どもの絆は、血のつながった家族内の絆ほど強くないというのが一般的である。そのため、再婚家族内でこのような性的虐待が起こった場合は、家族そのものの崩壊という大きな危険をはらむことになる。

再婚はあくまでも大人同士の関係から成り立つものであり、その際にパートナーの子どもが考慮に入れられることはない。子どもは「パッケージ」に含まれているのである。子どもが親の新しいパートナーやその子ども、すなわち自分にとっての新しいきょうだいを選ぶわけではない。つまり、子どもは自らが望んだわけではない生活環境に放り込まれるということだ。そして、同時に、子どもたちは血のつながった母あるいは父と別れたことによる深い悲しみに向き合うことになる。

次に示すのは、再婚家族内の子ども間で起こった性的虐待の二つの事例である。

加害者は義理の息子（一三歳）

まずは、最初の事例となった家族構成を紹介しておく。五歳になる娘連れの母親、一三歳になる息子連れの父親、そして、このカップルの間に生まれた末っ子の赤ちゃんという五人家族である。父親の再婚時に連れられてきた一三歳の少年は、これまで育ってきた場所から離れることになり、転校して新しい友達をつくる必要に迫られた。しかし、学校外では友達がほとんどできず、父親との結びつきが非常に強かった。週末は、できるかぎり父親といっしょに過ごしたいと思っていた。

平日は、学校が終わるとすぐさま家に帰り、新しい部屋の飾りつけをしたり、コンピューターゲームで遊び、彼になついている義妹のヒーローのような存在になるという日々を過ごしていた。彼は五歳の義妹に対して優しく振る舞い、継母が買い物や赤ちゃんの世話をしているときには彼女の面倒をよく見ていた。彼がコンピューターゲームで遊ぶ間、義妹は彼の部屋で遊んだり、テレビを見たりしていた。

母親はこの息子のことが好きだった。彼とはよい関係だし、気軽に話せる間柄だと思っていた。彼の実母よりも自分のほうがよい関係を築けている、と考えていたのである。

だがある日、兄の部屋にいた妹が台所にやって来て、手と口を洗おうとした。何か変だと思った母親が娘に「なぜ、そんなことをするの？」と尋ねた。女の子は、「お兄ちゃんと自分との間の秘密なので、誰にも話さないように言われている」と言った。

次第に明らかになったことは、女の子は少年がマスターベーションをするのを見て、ペニスを触ったり「なめたり」して、それが「すごくまずかった」ということであった。だから女の子は、自分の口を洗いたかったのだ。

このことが明らかになった途端、母親にとっては親切で心優しい少年が凶暴なレイプ犯という存在に変わった。もはや彼を見ることさえ我慢ならず、なるべく家に居させないようにした。彼のイメージが昔のボーイフレンドのものと重なり、彼女は混乱してしまった。当時、そのボーイフレンドは薬物を乱用しており、彼女を虐待していたのである。

少年は、実母のもとに戻ることを余儀なくされた。実母はというと、再婚家族内で起こった問題が自分のもとに投げ込まれたことに怒りを覚えた。再婚した夫婦が、息子を「自分に押し付けている」と感じたわけである。彼女と元夫および新しい妻との関係はすでに悪化していたが、この一件によって以前にも増して酷いものになった。一方、父親はとても悲しい気持ちになった。息子のことは愛しており、再婚した妻との間に子どもも生まれていた。当然のように、再婚家族のもとに息子が戻って来れるように問題を解決したいと考えた。

このような虐待の出来事は、五歳の少女に傷痕を残すことになった。彼女が性的反応にかかわる行動を示すようになったのだ。同年代の友達と遊ぶとき、少女は自分のズボンを下ろしたうえ、友達の膣を触るようになったのだ。友達の母親がその様子を知って、苦情を言いに来ている。

少女の母親と少年の父親の関係は悪化していった。淫らなのは一三歳の少年だけでなく、彼の父親、つまり自分が結婚した男性も同じように淫らな人間なのではないかと母親は考えるようになった。その結果、彼に対して性的な関心がなくなり、性欲が湧かなくなっていった。

別の問題もあった。一三歳の少年が五歳の少女に対して性的な乱暴行為をしたことを誰に話すべきか、という問題である。彼が実母のもとに戻ったことを親戚に対してどのように説明すべきなのか？　祖父母に言うべきなのか？　学校には？　近所には？　五歳の娘が性的な遊びをしたと苦情を言いに来た友達の母親に対しては何と言うべきなのか？　このような私的な出来事を伝えるべき相手との境界線はどこにあるのか？　また、クリスマスやイースター、休日はどのように準備したらよいのだろうか？　一三歳の息子が父親のもとを訪ねることを認めないほうがよいのだろうか？　では、父親と息子はどこで会うべきなのだろうか？

ボーイズ・クリニックに連絡が入ったとき、この家族が嵐のような状態を乗り切ることは困難であると思われた。自分の息子のことを邪悪な人間だと見なす女性といっしょに暮らしながら、父親としての責任を全うすることは果たして可能なのか？　自らの娘に対して性的な乱暴行為をした少年の父親といっしょに暮らすことは可能なのか？　性欲や性行為を含めた彼との愛情関係を元通りにすることは果たして可能なのか？　自分に魅力を感じていない女性を前にして、男性は果たして耐えられるのだろうか？

ボーイズ・クリニックでの集中的な治療が続いた。ボーイズ・クリニックの四名の治療者のうち、三名がこの治療にかかわることになった。五歳の少女と母親は個別の治療を受けた。一三歳の少年は治療のために毎週クリニックに通った。彼への治療の内容は、専門家と個別の話し合いになることもあれば、父親が同席しての話し合いになることもあったし、実母が同席した状態で行うこともあった。もちろん、少年の実父母もボーイズ・クリニック内で対面を果たしている。

これらのセッションでは、事実を知り、それに向き合うことを主なテーマとした。少年の両親は、息子が実際に何を行い、少女がどのように説明しているかについて詳しく知ろうと努めた。

少女の母親の許可を得て、少年と両親は五歳の少女に対して行われたビデオインタビューの内容を見ることになった。インタビューのなかで、少女が起こった虐待について語っていた。そして少年には、自分が行った行為を軽いものにすることなく、それに対して責任をとることが求められた。同時に少年には、虐待の前とそれが明らかになった後でどのような苦しみを抱えてきたのか、自らの感情を吐露する機会が与えられる必要があった。

治療から半年以上が過ぎたころ、少年と少女の母親をボーイズ・クリニックでの話し合いの場に同席させることがようやく可能になった。彼女の少年に対する感情は次第に元の状態に戻りはじめていた。少年自身は、「この期間、セックスについていろんなことを考えていた」と説明したが、それ以上のことは何も言えなかった。

その後、再婚家族全員が同席したうえで治療が行われた。少年が少女に謝り、「二度と同じことをしない」と誓った。この間、少女は義兄がいないことを寂しく思っており、彼といっしょに住めなくなったのは自分のせいだと思っていた。彼と会えたことで少女は安心したわけである。

こうして一年後、当初不可能だと思われていたこと、つまり四人が再びいっしょに住むことが可能になった。

被害者となった五歳の少女

もう一つの事例は、父親の交通事故死によって突然の別れを余儀なくされた母親と、一四歳の息子にかかわるケースである。

孤独な母親を支えるために、父親の友人がサポートをするようになった。その男性は近くに住んでおり、家や庭の手入れなどさまざまなことをするために訪れるようになった。また、その男性は、一四歳の少年を誘ってサッカーなどのスポーツをするためにも出掛けていた。

悲しみの淵に沈んでいた女性とこの男性との間に恋が芽生えるまでに、たいした時間はかからなかった。男性が女性宅を頻繁に訪問するようになり、週末はいつもいっしょに過ごし、平日でもたまに泊まっていくことがあった。男性はすでに前妻とは離婚をしており、一週間おきに五歳になる娘といっしょに過ごしていた。娘がいる週には、女性宅に娘もいっしょに連れていった。

悲しみに引きこもっていた母親は、数か月のうちに開放的で外向的な女性へと変化を遂げ、幸せで嬉しそうな表情を見せるようになった。だが、息子のほうは正反対の方向へと変わっていった。たくさんの友達に囲まれ、学校での成績もよい普通の少年だった彼だが、孤立し、家にこもって友達とも会いたがらなくなった。もちろん、学校での成績も下がる一方だった。

ある日の夕食後、少年と女の子が彼の部屋に入っていった。母親とボーイフレンドの男性は、子どもたちがテレビを見たり、ほかの遊びをするからといって席を離れたあとも、食卓に座ったまま二人で話していることがこれまでもよくあった。

その日も、子どもたちはいつものように食卓を離れたが、三〇分ほど経ったころに母親が席を立って息子の部屋に向かった。というのも、二人いるはずなのに息子の部屋が「異常なほど静か」

だったことと、珍しく部屋のドアが閉まる音がしたので気になったのだ。

母親が部屋のドアを開けると、ボーイフレンドが連れてきた五歳の娘が下着を下ろして、息子のベッドで横になっている状態を目にした。少年のほうはというと、自分のズボンを下ろして女の子の前でひざまずき、女の子の股の間を舐め回していたのである。母親が部屋に入ると、少年はズボンを上げてから部屋を飛び出し、アパートの地下に逃げて物置場に隠れてしまった。

ボーイズ・クリニックの治療者は、少年、少年の母親、女の子、女の子の父親と、それぞれ個別での話し合いの場を設けることにした。また、四人のうち何人かを集めた話し合いの場も数回設けている。

少年との話し合いのなかで治療者が発見したのは、母親に対して非常に矛盾した感情を抱いているということだった。彼は、母親が新しい男性と出会い、また幸せになることができてよかったと考えていたが、他方では母親に対して激しく怒ってもいたのだ。こんなにも早く別の男性と恋に落ちてしまった母親のことを、父親との思い出を汚してしまった人物と考えていたのだ。母親は、父親のことを最初から愛してはいなかったのではないか。母親は、父親が亡くなったことを実は嬉しく思っているのかもしれない——少年は、このように想像していたのだ。

少年は、優しい男性のことを気に入っていた。しかし同時に、その男性が父親の場所を取ろうとしていることを「憎んで」もいた。新しい生活環境に対して怒りと無力感を感じていた少年には、父親との死別による悲しみと寂しさという感情が入り混じっていたということだ。一方、少年に性的な乱暴行為をされた女の子は、彼のことを親切だが「気難しい」と考えていた。

このような性的虐待行為は、少年が言葉に出して表せなかった怒りや無力感の表現なのか？それとも、継続的な異常性衝動を表しているのか？　その行為は、母親が父親への思いを放棄したことに対する、少年の無意識的な抗議だったのだろうか？　母親の新しい関係を壊すことで、亡くなった父親の敵（かたき）を討ちたかったのだろうか？

これらは、私たちがこの家族の治療を行うにあたって立てた仮説であり、少年自身から何らかの説明がなされたものではない。

治療者は母親に対して、息子といっしょの時間をもっと設け、父親の墓参りに行ったり、アルバムを見ながら以前の生活の思い出をいっしょに語ったりして、父親を哀悼する少年に寄り添うべきだと助言した。そして、もし子どもたちが再会する場合は、同じことが起こらないように両親が子どもたちのことをしっかりと見張っておくように、とすすめた。さらに治療者は、少年のために大人同士の関係を発展させるスピードを少し落とし、しばらくは「純潔な関係」を保つことが望ましいだろうとも伝えた。

第6章　里親家庭や施設における性的虐待

社会サービス局によって里親家庭や施設に預けられた子どもが、里親の子どもや預けられた別の子ども、あるいは近所の子どもに対して性犯罪を行った場合、その措置にかかわる根幹が揺らぐことになる。

ほかの子どもに対して虐待行為を行った子どもは、里親家庭のもとに続けていられるのだろうか？　里親家庭は、自分の子どもや別の預けられた子どもをどのように守ることができるのか？　こうしたことが明らかになった場合は、社会サービス局による介入が行われ、子どもを別の場所に移すことが多いわけだが、預けられた里親家庭や施設で性的虐待を行った子どもがどこへ移されるというのだろうか？　言うまでもなく、多くの問題が浮上することになる。社会サービス局や当該の里親家庭、あるいは施設が、若年加害者と被害者に対して施すべき治療、支援、助言を求めてボーイズ・クリニックに連絡してくるというケースは珍しいことではない。

「GRUFプロジェクト」（一九ページの訳注参照）のグループは、平均年齢が一〇歳となる一三四人の子どもに対して性的虐待を行った若年加害者七〇人に関する研究結果を報告している（Kjellgren, 1998）。七〇人の若年加害者のうち、里親家庭に預けられていたのは一八人、施設に預けられていたのは六人であった。対象となった若年加害者のうち三分の一以上が、虐待を犯した当時、児童福祉の保護下に置かれていたということになる。一方、被害者の約二二パーセント（三〇人）が加害者と同じ里親家庭もしくは施設に住んでいた。つまり、里親家庭や施設に住む若年加害者の多くが、自分の住む場所で虐待を犯したことになる。

治療のためボーイズ・クリニックを訪れた若年加害者のうち、約一六パーセントが里親家庭もしくは施設に預けられていた。この数字は、「GRUFプロジェクト」の報告より若干低いとはいえ、社会サービス局の責任下に置かれている場所での若年加害者による性的虐待が起こる割合は驚くほど高いといえる。

児童福祉の保護下に置かれている若年者たちが性暴力を犯すリスクを軽減するために、いったい何をすべきなのだろうか？　ここで、スウェーデンのクリシャンスタード市（Kristianstad）で社会福祉官として働くセシリア・シェルグレン（Cecilia Kjellgren）の発言に耳を傾けてみたい。これまで彼女は、社会サービス局の保護下に置かれている若年加害者と長年にわたってかかわってきた。

私は、一九九〇年代半ばからこの問題にかかわってきました。里親になることを希望する家庭にインタビューをするとき、私たちはいつもセクシュアリティやその境界に関連する質問を含めるようにしてきました。他人の子どもの世話を引き受けるためには、子ども間での性的虐待が起こる可能性を理解しておく必要があります。私たちは、性的な行動に問題を抱える子どもがいることを話し、もし受け入れる子どもがそうした問題行動を起こした場合、支援を求めることが大事なのだと説明しています。

ちなみに、里親に対して、次のような仮定の質問もしています。

「実子が里子から性的虐待を受けた場合、どのように対処しますか？」

こうした質問を通じて、問題が起こったときにその家庭が支援を求めることができるかどうかを確認するのです。

里親の多くは、里子が性にかかわる問題を起こした場合、社会サービス局への相談はなかなかしにくいと回答します。担当するケースワーカーが状況をしっかり理解してくれるのか、あるいは逆に大げさに捉えてしまうのではないか、といった不安があるのです。

年少の子どもに対して性暴力を犯したことのある若者を預かる里親には、定期的な指導機会が与えられるべきです。つまり、里親がこの問題にかかわることを条件にするべきなのです。それを望まないのならば、最初からかかわるべきではありません。

残念なことですが、社会サービス局もこの分野について十分な知識を有していない場合があります。実際、四歳の子どもに性的虐待を犯した若年加害者が、その被害者と同じ年頃の子どもをもつ里親のもとに預けられたという事例を見たことがあります。そんなことをすると、里親家庭に大きなリスクを不必要に負わせてしまうことになります。

あらゆる努力をしてもなお、預けられた子どもが里親家庭の実子や別の子どもに対して性的虐待を犯してしまった場合は最優先事項として扱われるべきです。社会サービス局はいち早く調査と介入を行い、さらなる虐待リスクがあるのかについて判断を下すべきです。状況によっては、虐待を犯した子どもを別の家庭に預けるといったことを検討する必要もあるでしょう。

もちろん、すべての関係者に対する支援も忘れてはいけません。被害者に対して、加害者に対して、そして当該の子どもと近い関係にある大人に対しても、支援が行きわたる必要があります。(原注)

(原注)　二〇〇〇年一一月に実施したインタビューより。

セクシュアリティにかかわる問題だけではない

さまざまな理由で施設や里親家庭に預けられている若年者は、子どもへの性的虐待を犯すリスクを抱えたグループなのだろうか？　基本的には、そうでない、と私たちは考えている。しかし、家庭外のケア施設に預けられている子どものうち、そうしたリスクを抱えている子どもがいることも確かである。以前に性的虐待を犯した子ども、あるいは性的虐待やその他の虐待を受けたことのある子どもがそれらに該当する。

性的虐待は、単にセクシュアリティにかかわる問題だけではない。子どもを虐待することで若年加害者は、攻撃性、孤立感、愛情の渇望、支配力、あるいは無力感などといった感情を表現してもいるのだ。

ある一六歳の少年は、両親とも重度のアルコール依存症であったため、里親家庭に預けられていた。里親家庭には八歳の息子がいた。ある日、一六歳の少年と八歳の男の子が二人きりになったとき、少年は男の子に対して性的な乱暴行為をした。この虐待のことを一六歳の少年は次のように説明している。

俺はアンドリューと二人きりだった。ロブとカーリンはＩＫＥＡ(イケア)に行ってたんだ。自分のペニスをアンドリューにしゃぶってもらいたいと思って、あいつに聞いたらやりたくないって答えたんだよ。だから、お医者ごっこをしようって誘ったんだ。そしたら、なんとなくしゃぶらせることができた。

少ししてからカーリンとロブが家に戻ってきたので、アンドリューには「もし、何かしゃべったら倉庫に連れていって喉を切っちまうぞ」って言ったんだ。

この虐待の要因は、自分が里親家庭の実子でないことの妬(ねた)みから来ているものと思われる。一六歳の少年は、この里親家庭で暮らすことに満足していた。生まれて初めて自分が愛され、「気にとめてもらえている」と感じていた。里親の養子になりたいという希望さえもっていた彼だが、その願いは叶えられることのないものだった。また、里親家族のなかで自分だけが違う姓であることに対しても嫌な思いをしていた。

自分は誰からも必要とされておらず、信頼のおけない意地悪な子どもで、愛情を受ける価値も幸せになる価値もなく、家族の一員になることもできないんだ——。この家庭で性的虐待を犯すことは、彼が抱えるこうした内面的な自己イメージを確認する作業となる。

別の若年者の事例を挙げたい。

保護下にある若年者がわざとそこを追い出されるようなことをして、実父母のもとに戻ろうとすることがある。たとえ虐待を受けようとも、彼がその家庭で一定の役割を果たしていることがある。たとえば、父親が母親を殴り殺さないように、あるいは母親が酒を飲みすぎで死んでしまうことがないように見張っておくといったような場合である。ある一四歳の少年が里親の三歳の娘に対して性的な乱暴行為をしたのは、こうした理由によるものだったのかもしれない。

先に挙げた事例と同様、この少年の両親も重度のアルコール依存症だった。彼は酒まみれの騒ぎやケンカを何度も目撃してきたし、父親が母親を殴るという光景も何度となく見てきた。両親がケンカをしているときは間に入って止めさせようともしたし、父親が母親を殴り殺すのではないかと、何度か警察に通報したことさえある。

里親家庭の母親は少年の実父の妹だった。最初から妬(ねた)みの要因はあった。叔母の人生は、まるで父親の失敗を非難するかのように輝いていた。兄妹の関係はもともとよくなかった。少年が自宅にいたときから、叔母は混乱のただ中に入ってきて、甥である少年を彼女の家に連れていったりしていた。言ってみれば叔母は、兄の家の状況をいつも「注視」していたわけである。

叔母の家に預けられた少年は、ますます親のことが心配になった。よく眠れず、集中力も欠けていった。彼は頻繁に親のもとを訪ねたがったし、電話をして親の声を聞きたがっていた。叔母とその夫からは十分に世話をしてもらっていたが、少年は自宅に帰りたいと願っていたのだ。

そんなある日、三歳の娘が母親にある出来事を話した。少年が、女の子の膣をなめたり、突っついたりしたのだという。そこで母親は、ボーイズ・クリニックを訪れることにした。同行した娘は、人形を使いながら、何が起こったのかについて、三歳なりにはっきりとした言葉で表現した。彼女を虐待したのは一四歳の少年だった、ということも話している。

ボーイズ・クリニックで少年との診療がはじまった。女の子が説明したことを、彼が苦悶の末に認めるまでに数週間かかっている。その間、少年は実父母のことを非常に心配しているのだとしばしば述べていた。自宅に戻りたがっていた彼は、叔母といっしょにいることがあまり嬉しくなかったようだが、その理由を説明することができなかったのだ。

娘の安全のことを心配した里親は、一四歳の少年を家にいさせようとはすでに思っていなかった。性暴力を犯した彼の居場所はなくなってしまった。結局、彼の思いどおり、自宅に戻すことになった。

それからは、自宅での治療が行われることになった。両親は飲酒をやめると「約束」したものの、その約束は何度も破られた。両親は大量の飲酒を続けたが、当時一五歳になっていた少年は、断固として家に留まることを望んだ。

しばらくして、少年はナチス・イデオロギーの信奉者になった。自らが内部に溜め込んでいた憎しみの感情を表現する術(すべ)としたのかもしれない。

被害者が加害者になるとき

性的虐待を犯す少年のうち、約三分の一が自らも性的虐待を受けたという経験を有している（Kjellgren, 2001）。また、性的虐待を受けた子どもたちのなかには、自宅でさらなる虐待を受けないよう、里親家庭や施設に預けられる場合がある。

ある一四歳の少年は、長い間、実父から性的虐待を受けてきた。そのこともあって施設に預けられていたのだが、その施設内で、今度は彼が一一歳の少年に対して性的な乱暴行為を働いてしまった。彼は、自分が犯した虐待と自分が受けた虐待について次のように語っている。

俺は自分の部屋でカールといっしょにいたんだ。別に何かあったわけじゃないけど、「面白いものをあげるから、服を少しだけ脱いでカールの上に横になってもいいか」と尋ねたら、「いいよ」って答えたんだ。横になってると、暖かくて気持ちよくなってきた。何かを考えていたわけじゃない。

すべては、父さんが僕を虐待したときからはじまってたんだ。

父さんは、いつもダラダラとした足取りで入ってきた。僕の部屋の中に入ってくると怯えた。ベッドに近づいてくると、僕はもっと怯えたよ。ベッドの前で父さんは、しばらく立ったままの姿勢でいて、そのあとベッドの中に入ってくるんだ。中に入ると、僕のパジャマのズボンを脱がした。それから自分のバスローブを脱いで、僕の上に横になる。そして、しばらくピクピク震えながら動くんだ。それが終わると部屋を出ていく。部屋を出る前に、父さんは僕にお休みと言ってた……。

性的虐待を受けた経験が、なぜ性的虐待を犯すリスクを増加させるのだろうか？　なぜ、自らが受け傷ついた行為を繰り返す衝動に駆られる人たちがいるのだろうか？　強迫的反復行動の心理学的側面について、次のように述べている研究書がある。

心理学的に、強迫的反復行動はトラウマと関係しているとされる。強迫はトラウマ状態から来る抑圧された衝動によって引き起こされる。それによってトラウマを克服し、問題の解決に至ろうと何度も試みるのである。怖い出来事による不安を和らげることができない場合、そうした未解決の恐怖体験が強迫的反復行動を駆り立てるということだ。トラウマを引き起こした内容と同じものを繰り返すことによって不安は一時的に緩和されるが、消えてなくなるわけではない(Mangs & Martell, 1990)。

反復行動は、トラウマを抱えた人がその原因と同じ状況に置かれたときや、恐怖や不安を引き起こす状況を自ら探し、つくり出すことによって起こる。つまり、強迫的反復行動は加害者と自らを同一視する行為として理解することができる。そして、無力で受身的な立場が破壊的な力の行使をする立場へと置き換えられることになる。

何か怖い出来事に遭遇したとき、私たちはたいてい普段と異なる方法でその出来事に対処するものだ。実際に経験したことを語る行為は、その出来事を自分のなかで統合させ、「消化」させるにあたって自然な行為であるといえる。たとえば、仕事で侮辱を受けたとき、あるいは重大な自動車事故に遭遇したとき、私たちはその経験を誰かに話してしまうものだ。仮に聞いてくれる人が誰もいなかったら、その出来事を「過去のもの」とするためにかなりの困難を強いられることになるだろう。

ある子どもが、医者に予防接種の注射を打たれたとしよう。その子どもが家に帰って、人形やぬいぐるみを使って注射ごっこをするというのは稀なことではない。その子どもは、恐怖の体験を遊びで繰り返すことによって不安に打ち勝っているのだ。

子どもが性的虐待によって傷ついた場合も、これと同様の動的メカニズムが働く。だが、そこでは、反復による「自然な」解消は不可能になることもある。人形やぬいぐるみと性的な遊びをすることで心の傷を繰り返し掘り起している子どもの場合、性的な行動に問題があることが見て取れる。しかし、仮に実在する子どもに対して虐待が繰り返された場合、深刻な問題が新たにもたらされることになる。被害者が加害者となり、新しい被害者が生まれてしまうのだ。

先に例として挙げた一四歳の少年が一一歳の少年に対して性的な乱暴行為を働いたのは、自らのトラウマを克服するためではなく、むしろ本人を虐待した父親との心を打ち砕くような同一化の方法であった。一一歳の少年に対する性的虐待を通じて一四歳の少年は、自らのトラウマと向き合わないように、恐怖や傷ついた感情を追い出していたのである。

第7章　近隣地域における子どもへの性的虐待

近隣地域に住む子どもたちの間で虐待が明らかになった場合、問題はさまざまなレベルにおいて発生することになる。子どもたちはお互いによく知っているし、子どもの親も知り合いである。被害者の親はいかに加害者の親とかかわり、一方加害者の親はどのようにして被害者の親と接するべきなのだろうか？　被害者と同年代の子どもをもつ親は、この事件について知らされるべきなのか？　加害者とその家族は、その地域に住み続けることができるのか？　被害者の家族は同じ地域に住み続けられるのか？

被害者とその家族が社会サービス局や警察に駆け込んで虐待を通告して「大騒ぎ」したために、近所から遠ざけられてしまったというケースについて相談を受けたことがボーイズ・クリニックは何度かある。虐待を犯したり、あるいは虐待を告げたりした子どもを不必要にのけ者扱いにしないような支援や援助が、子どもにも大人にも必要となる。

若年加害者から性的虐待を受け、ボーイズ・クリニックで治療を受けた子どもの四五パーセントが加害者の近所に住んでいた（Svensson, 1998）。

この種の虐待の加害者の多くは、同年代の友人がいない。いじめられていたり、わずかながら発達の遅れがあったり、元気がなくて落ち込みがちで、家の中や近所のなかで年下の子どもといっしょにいることを好むというケースが多い。年上にくっつきたがる子どもたちにとっては、アイドル的な存在となることもある。時には、近所に住む子どものベビーシッター役として頼まれるといったこともある。

ベビーシッターのトミー

一六歳のトミーは、八歳のイェスペルという男の子と五歳のアンジェリカという女の子のベビーシッターを頼まれていた。二人は彼のことをよく知っていた。二人と同じ建物に住んでおり、しばしば彼と遊んでいた。いっしょに変な格好をしたり、取っ組み合いをしたり、追いかけっこしたり、時にはトミーが裏庭のあたりで二人をおんぶしてあげることもあった。同年代の遊び友達がいないトミーは、嫌がることなく小さな子どもたちと遊んでいた。

トミーが二人のベビーシッターを務めた翌日、子どもたちが母親に、「トミーがおちんちんを出していた」と話した。母親はショックを受け、何が起こったのかと子どもたちに尋ねた。

子どもたちによると、寝る時間になったとき二人がケンカをはじめ、イェスペルがアンジェリカを押し倒したために泣き出してしまった。トミーはイェスペルに洗面所へ行って歯を磨くように言ったあと、アンジェリカを抱き上げて膝の上に乗せて慰めた。そして、トミーはアンジェリカにキスをして、自分の「おちんちん」を出してなではじめたのである。

イェスペルが歯を磨いて部屋に戻ってくると、アンジェリカはベッドに横になっていた。その横に、トミーがズボンを下げて座っていた。イェスペルが「何をしているの？」と尋ねると、トミーは「何も」と言ってズボンを上げた。アンジェリカは疲れた表情であくびをしたが、すでに泣いていなかったのでイェスペルは安心した。

アンジェリカの母親は、この件を社会サービス局に通告し、警察にも通報することにした。警察がアンジェリカに質問したところ、トミーが自分の背中をさすって首にキスをしてからお尻、腿（もも）、性器をなでたと話した。トミーがアンジェリカを椅子からベッドへと運んで、彼女のズボンを脱がせてから、彼のペニスを触るように言ったのだという。そして、イェスペルが部屋に入ってきて何をしているのかと尋ねた。それでおしまいだった、という。

トミーに対する警察の取り調べの内容を大まかに再現したのが次の記述である。起こった出来事について若年加害者が否定しない場合、どのような対話が成立しうるのかを示すものとなる。

会話は次のように展開されていた。

トミー　アンジェリカが泣いたから、なぐさめてあげたかったんだよ。だから、俺の膝に座らせたんだ。

警　察　それから何が起こったの？

トミー　泣いて鼻をすすって俺を抱きしめてた。

警　察　それからどうしたの？

トミー　なでてあげた。

警　察　どこを？

トミー　アンジェリカの背中。

警　察　そのあとは？

トミー　泣きやんだよ。

警　察　アンジェリカが泣きやんだとき、何が起こったか教えてもらえるかな。

トミー　うん。俺の膝に座ったまま俺のことを抱きしめていたから、俺ももっと強く抱いてなでてあげた。だって、そうして欲しいんだと思ってたから。膝の上にいたまま逃げなかったし。

警　察　そのときはどこをなでてあげたの？

トミー　お尻と脚。
警　察　もう少し詳しく説明してくれるかな。
トミー　だから尻と脚だよ。
警　察　洋服の外側？　それとも内側？
トミー　パジャマの上着を着てたから、その中。
警　察　脚のほうは？
トミー　二人がケンカしはじめたとき、アンジェリカはパジャマのズボンを履いていた。
警　察　じゃあ、パジャマの上着のほかに何を着ていたのかな？
トミー　パジャマのズボンを履いてたけど、それは下がってた。
警　察　脚をなでたときに、君は手で何をしたの？
トミー　なでたんだよ。
警　察　なでたってどういうこと？
トミー　なでた。こんなふうに（と言いながら、ポンポンと膝を軽く叩く）。
警　察　同じ場所を？
トミー　違う。いろんな場所。
警　察　どんな場所？

トミー　お尻や腿、それから……。
警　察　それから？
トミー　（小声で）プライベートなところをちょっと。
警　察　プライベートなところ。「プライベート」って、どういう意味か教えてくれる？
トミー　（ほとんど聞こえないぐらいの声で）この下の、脚の間のところさ。
警　察　「脚の間」って言った？
トミー　うん。
警　察　そこをなでたの？
トミー　少しだけ。
警　察　プライベートなところをなでるときは、脚をなでるときと同じようなやり方をしたの？
トミー　うん、それで僕も少し感じたんだ。
警　察　「感じた」って、どういう意味？
トミー　俺の指が感じたように。
警　察　どのように感じたか教えてくれる？
トミー　柔らかい。
警　察　そのとき、アンジェリカは何か言った？

トミー　何も言わなかった。
警　察　それからどうしたの？
トミー　アンジェリカをベッドに寝かせた。
警　察　君はどうしたの？
トミー　ベッドに座った。
警　察　アンジェリカがベッドに寝て、君がベッドに座ってから何かあった？
トミー　何も。
警　察　アンジェリカは、君がペニスを出したと言っていたけど？
トミー　それは……（聞き取れない）。
警　察　それはどういう意味なのかな。
トミー　まあ、そういうことだよ。
警　察　出したの？　それとも出さなかったの？
トミー　出したかもしれない。
警　察　かもしれない？
トミー　うん……出したよ。
警　察　アンジェリカに何か言った？

トミー　アンジェリカは何て？
警　察　君に聞いているんだよ。
トミー　今、何時？
警　察　一〇時半。
トミー　いつ終わるの？
警　察　もうすぐだよ。君が質問に答えたらね。アンジェリカに何て言ったのかな？
トミー　覚えてない。
警　察　自分のペニスに触ってほしかったの？
トミー　アンジェリカがそうしたいならね。
警　察　どうして、アンジェリカがそうしたいと思ったのかな。
トミー　だって、俺がアンジェリカを触ることになったからだよ。
警　察　それで、アンジェリカは触ったの？
トミー　触らなかった。
警　察　自分のペニスを出したとき、どんなふうになっていたのかな。
トミー　どういう意味？
警　察　硬かった？

トミー　まあね。
警　察　自分のペニスに触ってほしいと思っていたとき、アンジェリカは何て言った？
トミー　何も言わなかった。
警　察　それからどうしたの？
トミー　イェスペルが入ってきた。

一方でトミーは、自分が禁じられていることをやったとある程度自覚している。イェスペルが入ってきたとき、トミーは虐待行為を中断しているのだ。アンジェリカを「なでた」という体の場所を警察に伝えようとするとき、背中をなでたことを伝えるよりも「プライベートな場所」に触ったと伝えるほうが言いにくそうであった。しかし彼は、虐待行為をなぐさめや相互の意思疎通として表現しようとすることで、自らの役回りを軽視している。悲しがっているアンジェリカをトミーはなでてあげた。そして、確かに彼女は泣きやんでいる。

自分の膝で彼女を抱いたことでトミーは性的に興奮した。だが、アンジェリカの性器を触ったことについては、彼女に責任を押し付けて自らの責任を最小化している。「だって、俺がアンジェリカを触ることになったからだよ」と、トミーは警察の質問に答えている。この「ことになった」というのが重要な表現となる。アンジェリカが抵抗しなかったことは、トミーにとっては積極的な同意として捉えられている。彼がペニスを出すとき、その行為は相手に「提供するもの」へと変化しているのだ。アンジェリカが「プライベートな場所」を触らせたように、自分にもペニスを触らせる機会を「与える」ことで、その行為に報いたいと考えたわけである。

以上のことは、いかに虐待行為が加害者のなかで歪められることになるかを示したものである。この現象は「認知の歪み」とされるもので、虐待状況における加害者自身や被害者の動機、あるいは行動を誤って解釈することを意味する。

憎しみが性欲的な形として表されるような曲解した行動について説明をしている研究者がいる (Stoller, 1986)。つまり、性犯罪を行う人は何らかの被害者でもありえるということだ。それは、性的虐待とはかぎらない。非常に「控え目な」性的虐待ですら、被害者の心に復習や敵意といった要素を含ませることになる。では、トミーの場合は何の被害者だったのだろうか?

トミーの母親は再婚していたが、その継父のことを彼は受け入れ難いと感じていた。トミーが住んでいた家の近くでは母方の祖父母が温室栽培を営んでおり、彼はこの祖父母になついていた。しばしば祖父母のもとを訪れて、宿題をしたり、植物に水をやるのを手伝ったり、荷ほどきしたり、草刈りをしたり、客への接客をしたりしていた。

祖父母のところにいないときは、家の近所で年下の子どもと遊ぶのが好きだった。手先が器用だった彼は、一一歳のころから、近所に住む年上の男の子たちが乗っているモーター付き自転車の「改造」をさせられていた。だが、同学年や年上の子どもたちは、誰も彼のことを友達として扱うことがなかった。彼らはトミーのことを、大人ぶっていて変わり者だ、と考えていたのだ。身長が低く、太っていたトミーはスポーツが苦手だった。ほかの子どもたちは、このことをからかい、いっしょに遊ぶと見せかけては彼を遠ざけていた。トミーは、いつも置いてきぼりにされていたのだ。

学校では、休憩時間になると同学年や年上の子どもたちに追いかけ回されていた。彼らはトミーに「予言者」、「教授」、「屁こき」などといったあだ名を付け、「殴るぞ！」と脅していた。これらのあだ名は、トミーが学者ぶっているうえに太っており、授業中に一度おならをしたことから付けられたものだが、在学中、ずっとトミーを苦しめることになった。

追いかけられると、彼はクラスの女子のところに逃げることもあった。女子たちはというと、トミーを可哀そうに思っていた。彼女たちにとっては、トミーは優しくて話の面白い存在だったのだ。

女子たちは、トミーを女子トイレに連れていき、そこにかくまうということもした。女子トイレを誰かが使うときは、壁のほうを向いて頭にジャケットを被せられた。うしろで女の子たちがクスクスと笑いながら用を済ませている間、女子トイレの壁を向きながら隠れているときのトミーは、受け入れられ、守られていると感じて安心し、少しだけ興奮もしていた。

一六歳になって高校に進学すると、クラスにスキンヘッドのグループがいたが、そのグループがトミーをからかい、「殴る」と言ってはよく脅していた。彼らは、トミーがいつも一人きりで暗いくせに「自分が大物であるみたい」に話すので、「ゲイ」で「かっこつけ」だと感じていたのだ。

ある日、クラスの誰かがナイフを取り出してトミーの顎（あご）の下を切り、トミーが教師のラウンジに逃げ込むという事件が発生した。この事件は、アンジェリカとイェスペルのベビーシッターをする前日に起きたものである。

第8章 集団強姦

ストックホルム郊外でのある冬の夜、興奮して泣いている一〇代の少女がタクシーに乗り込んだ。彼女の洋服は乱れており、片方の靴がなかった。タクシー運転手に対してその少女は、見知らぬ少年たちから強姦されたと話し、警察まで行くように頼んだ。強姦した「移民系の少年」三人と彼女が出会ったのは、ストックホルムの中心にある王立公園であった。四人は誰かの家で盛り上がろうと話し、郊外にある一人の少年のアパートに向かった。

少年のアパートでいっしょにビールを何本か飲んだあと、誰かがポルノ映画をテレビに流し、少年たちは少女を「触り」はじめた。彼女は止めてほしいと言い、そこから早く逃げ出したかったが、二人の少年が部屋から出ていき、ネダッドという少年と二人きりになった。ネダッドは少女をソファの上にねじ伏せ、性交を求めた。少女は泣き叫びながら抵抗した。すると、二人の少年が部屋に戻ってきて、明かりを消してから彼女を押えつけたという。

少女が警察に説明したところによると、このとき少年たちは、少女を押え込んで脅し、「横になってまったく動けない」状態にさせたうえで強姦したという。しばらくして、飽きた少年たちがアクション映画を見はじめたので、ようやく少女は逃げ出すことができたのだ。

少女がそのアパートの住所を警察に伝えたことによって少年たちは逮捕され、事情聴取を受けた。三人全員が否認したが、結果的に検察官は、刑事裁判の対象年齢に達していたネダッドのみを起訴している。当時、ネダッドは一七歳だったが、ほかの二人はまだ一四歳であった。

三人全員がボーイズ・クリニックを紹介されたが、一四歳の少年二人は、「何も悪いことをしていない」のだからここに来る理由はないと感じていた。

ネダッドの両親は、自分の息子が無実だと「信じて」いたが、裁判で罪を認めるのではないかと恐れていた。ボーイズ・クリニックにやって来た父親は、自分の息子がそん

ストックホルム市内にある王立公園

な行為をするはずもなく、まったくの無実であることを「保証」した。ネダッドがどれほど善良で、正直で、親切で、賢くて潔白な人間かを治療者に「証明」してほしいと父親が思っていたことは明らかである。父親は、アパートまで少年たちについていった少女のほうに責任があると思っていた。スウェーデン人の女の子はろくにしつけも受けず、移民とセックスしたことを恥じては、その責任を少年側に押し付けようとしていると父親は考えていたのだ。

治療者はネダッドとの会話のなかで、訴えられ、強姦を認めなければならないことは辛いものであり、事件とかかわりのない外部の人間と話すことで気が紛れるかもしれないと話して関係を構築しようと試みた。だが、ネダッドは肩をすくめて次のように言った。

ネダッド　レイプってなんだよ。俺は違法なことは何もしてないよ。

治療者　レイプは違法なことだよ。

ネダッド　誰もレイプしてないし。

治療者　君と会った少女は、君が彼女をレイプしたと言っているよ。

ネダッド　それは嘘。顔を立てたいんだろ。俺だって、彼女の立場だったら同じこと言ってるよ。

治療者　じゃあ、何が起きたの？

ネダッド　王立公園で会ったあと、俺の叔父さんのところに行くことになったんだ。叔父さんは外出してたし、俺が鍵を預かってたからね。それで、結局、寝ることになったのさ。普通のことだよ。俺はレイプしたことなんて一度もない。そんなの、気が小さい奴がやることだ。

治療者　でも、少女と性交したのは君を含めて三人いたんだよね。

ネダッド　二人がしたことは彼らに聞いてよ。俺は知らない。

治療者　二人は、君と同じ部屋にいたの？

ネダッド　知らない。暗かったし。二人に聞いて。

治療者　少女は、君たち三人が彼女と性交したと言っている。これは嘘なの？

ネダッド　嘘じゃないかもしれないけど、とにかくレイプじゃなかった。俺とやり終えたあと、ほかの誰かとやったのかもね。二人に聞いてみてよ。

治療者　君は彼女と何をしたの？

ネダッド　一緒にポルノ映画を見てたんだよ。そしたら、向こうのほうがやりたそうになって、服を脱ぎはじめたんだ。タトゥーがかっこいいと思ってて、それを見せたかったらしい。そして、いっしょにやったのさ。

治療者　いっしょにやるって、どういう意味なのかな。好きになったっていうこと？

ネダッド　互いに興奮するとやりたくなるだろ。結婚するときの愛とかじゃないよ。スウェーデン人の女とはそんなことありえない。やりたくなったからやったってことだよ。

このようなやり取りであったが、治療者は真実を知ろうとしたことを無駄だと思わなかった。別のアプローチとして、ネダッドが気にしている判決の行方について話そうと試みた。だが、ネダッドは治療者のこの試みをそっけなく拒絶した。

それはできないね。俺や俺の家族の問題だから、話したくない。あんたが話したいことはいつも問題ばかり。そして、俺を傷つけている。問題ばかり話すことで俺が傷ついていること、あんたは知ってるのか？　仕事して金を稼がないといけないからそれに集中しなくちゃいけないのに、あんたが嫌なことを思い出させるせいで、仕事してるときでも嫌な気持ちになって、結局、仕事が手につかなくなるのさ。だから、今あんたがやろうとしていることは俺を傷つけているんだよ。

心理士なんだろ？　人を傷つけるんじゃなくて、助けるのが仕事だろ。俺は、ここに来る必要はない。もちろん、ビールをくれるっていうなら話は別だけどさ。

このケースにおいて、検察官側は犯罪を立証するまでには至らなかった。ネダッドの主張が正しくないと判断するだけの「合理的な疑いを超える」だけの証拠が得られなかったのだ。その後、ネダッドが二度とボーイズ・クリニックに来ることはなかった。

集団強姦に関するデータ

　近年、スウェーデンでは、集団的な加害者による若い女性への強姦事件が多数報じられている。「集団強姦」という言葉から連想されるのは、複数の男性が一人の女性を押さえつけて、順番に強姦するイメージが一般的である。確かにこうした強姦も起こりうるが、それだけではない。たとえば、複数の少年がパーティーで泥酔した少女に声をかけ、抵抗できない状態になっているところにつけ込むということもある。

　強姦の加害者が複数である場合、単独による犯行に比べてより深刻なものと見なされるのだろうか？　一人よりも複数の人間につけ込まれるほうがより深い問題なのだろうか？　こうした違いは、現在のスウェーデンの法規においては考慮されていない(1)。ただし、法整備のための準備作業文書には、「いわゆる集団強姦は、多くの場合、明らかに許し難いものとして判断されるべき

（1）　一一三ページの訳注で述べたように、スウェーデン刑法第六章は二〇〇五年四月に大幅な改正がなされている。現行の第六章の第一条において、集団的な強姦は「重度の強姦」として見なされる要件の一つとして明示化されている。「強姦」が二年以上六年以下の拘禁刑に処するとされているのに対して、「重度の強姦」はそれよりも重い四年以上一〇年以下の拘禁刑に処することが定められている。

である」という記述がある。性犯罪に関する法改正の準備作業に携わる性犯罪審議会[(2)]は、この提案をもとに、集団強姦に対する処罰をより強化する方向で検討を進めている。

スウェーデン犯罪防止委員会[(3)]は、集団強姦の定義を二人以上の容疑者がいる場合と定めている。また同委員会は、一九九〇年代のスウェーデンにおける集団強姦に関する調査を行っている。その結果、以下のことが明らかになった。

・一九九一年～一九九九年の間、警察に届けられた集団強姦（すなわち、二人以上の加害者による強姦）事件は年間に三〇～六〇件であった。

・集団強姦のうち、加害者の数は二人の場合がもっとも多かった（全体の七八パーセント）。届け出のあった事件のうち、三人以上の加害者が関係していたのは全体の約五分の一であった。

・集団強姦の場合、被害者が未成年である割合は比較的少なく、全体の一一パーセントを占めていた。

・集団強姦は、典型的な若年者の犯罪というわけではない。加害者の年齢が一五～二〇歳であった割合は全体の二八パーセントであった。これは、すべての犯罪カテゴリーとほぼ同じ割合である。ただし、三人以上の加害者が関係した強姦にかぎってみると、加害者の年齢が一五～二〇歳である割合は全体の四〇パーセントと高くなる。この数字は、一般的な若年者による犯罪の平均値よりもずっと高い。

・集団強姦の容疑者のうち、五八パーセントがスウェーデン人で、そのうち二五パーセントが移民の背景をもつ者、三二パーセントが外国出身者でスウェーデン国籍を取得した者で、一〇パーセントは正規在留資格を有していなかった。

・届け出のあったすべての犯罪に関係する容疑者のうち、移民が占める割合は二〇パーセント未満にすぎない。そのうち半数は北欧出身の移民であった。人口において移民が占める割合は一一パーセント程度である。スウェーデン犯罪防止委員会によると、容疑者のうち移民が占める割合がもっとも高い犯罪は強姦であり、全体の四〇パーセント程度である。

・集団強姦容疑を受けた少年たちは前科がある場合が多く、全体の六五パーセントが、強姦を犯した時点ですでに起訴された経歴をもっていた。また、全体の約四六パーセントは二度あるいはそれ以上の犯罪歴を有していた。その多くは、交通違反、窃盗、万引き、暴行である。性犯罪による前科があるケースはそれほど多くない。

（2）　二〇〇五年の性犯罪規定の改正にかかわる性犯罪審議会（Sexualbrottskommittén）の設置は一九九八年であり、同審議会の答申は二〇〇一年に政府に提出された。この答申において、刑法旧第六条の全面改正のための法律草案が示された。坂田仁、前掲論文（一三ページ前掲）の三八ページを参照。

（3）　（Brottsförebyggande rådet：Brå）一九七四年に法務省のもとに設置された、法制度改革のための調査機関。

これらの調査結果は、私たちがボーイズ・クリニックで扱った事例と重なりあう。つまり、集団強姦を犯す若年者は、単独で年下の子どもに性的虐待を犯す若年者に比べると、集団での犯罪や非行にかかわる傾向が強いということだ。集団強姦の被害者は、加害者と同年代、思春期を過ぎたころの女性であることが多い。

なかには、女性に対して明らかな差別意識をもっている者もいる。自らの文化と同様の背景をもつ少女と、それ以外の少女とをはっきり区別しているのだ。こうした区別を設けることは、彼らの両親の影響によるところも大きい。

私たちがこれまでに出会った集団強姦の加害者は、その多くが「マッチョな男」であった。集団で街中や地下鉄の中を歩き回ったり、ほかの若年者に対して強盗を働いたりして、社会の逸脱者として位置づけられている。他者からの「敬意」を求めているのだが、本人が他者に対して敬意を払うことはない。

また、こうした人たちの多くは、きちんとした治療へのアクセス手段をもっていない。とはいえ、監視下に置かれた加害者が引率されてボーイズ・クリニックに来るような場合、治療上の信頼関係を築けることもある。監視下の制約とは対照的に、ボーイズ・クリニックへの訪問はよい気分転換になり、治療に必要とされる「会話」に対して否定的な態度を取っていたとしても、肯定的なものに変わることがあるのだ。

「支配されてしまった私」

当時一五歳のエヴァは、バスケットボールをしたり、友達と遊んだり、宿題をするような、いわゆる普通の女の子だった。過去に恋愛をしたことはあったが、セックスの経験はなかった。エヴァは、父親、母親、妹と暮らしていた。

その年、エヴァは初めて従姉妹とともにビーチ旅行に出掛けた。だが、楽しいはずの旅行が最悪の結果になってしまった。そのときの様子をエヴァは次のように語っている。

とても素敵な場所でした。天気にも恵まれていました。太陽も、暑いのも大好きで、海から離れたところで育ったので、そういうところに憧れていったんです。朝早くからビーチに出掛けて、一日中、日光浴をしていました。昼も、簡単な昼食を取ってからビーチに戻っていきました。そして、夕方になると、屋外のレストランで夕食を食べてからディスコに行きました。

そのうち、ノルウェー人のバーテンダーと知り合いになりました。とても面白くて、素敵な人でした。彼の友達の一人とも仲良くなって、いっしょに盛り上がったりしました。彼にちょっとのめり込んでいたけど、特別何かがあったわけではありません。明け方、帰るときにはいっしょに手をつなぎました。私は無邪気でロマンチックな少女だったんです。それ以上のことは何も望んでいなかったので、そうしたサインは出していたはずです。嫌なことをさせられないように。

ブロンドの髪のスウェーデン人という意味で、確かに私は一定の関心を引いたかもしれません。でも、みだりに言い寄ってくるような人はこれまで誰もいませんでした。

確か、最終日の前日の夕方だったと思います。ちょっと疲れていたので、従姉妹よりも早く戻ることにしたのですが、ホテルに近付いたとき、ノルウェー人のバーにちょっと立ち寄ろうと思い直しました。少し行ったところで、誰かが私の後を付けていることに気づきました。うしろを振り返ると、若い男性がこちらのほうに向かって走ってきました。私に向かって口笛を吹きながら、知らない言葉を発していました。時刻を知りたいのかもしれないと思って、私は立ち止りました。

ところが、驚いたことにその男性が私の上に飛びかかり、地面にねじ伏せました。恐怖を感じたわけではありませんが、とにかく自分を守らなければならないと思いました。こうした取っ組み合いは初めてでしたが、力いっぱい格闘しました。でも、地面を転がっていくうちに時間の感覚が分からなくなっていきました。

どのくらい時間が過ぎたのか分かりませんが、そこに一台の車がやって来て、中から出てきた三人の若い男が私を車の中に引きずり込みました。二人の男の間に挟まれ、黒いシートの上に寝かされました。この二人は私と同年代のように思えました。前の座席には別の二人がいましたが、彼らはもう少し年上のようでした。男たちはずっとしゃべっていましたが、その内容を私はまるっきり理解することができませんでした。

車はすぐに街を出ていきました。その段階で私は、何が起こったのか理解しました。彼らは私をなで回したり、服を引っ張ったりしました。そのときに私が着ていたのは、短めのピンク色をしたつなぎの服でした。旅行のために自分でつくったものです。

車の中がいやらしい雰囲気になっていきました。男たちはさらに大きな声でしゃべり、運転している男が、英語で何か汚らしい言葉を発することもありました。そうして、ついに彼らは私の服を脱がしはじめました。ショーツだけの姿になってしまった私は、もうすぐ死ぬんだと思いました。でも、諦めきれなかった。そのなかで一番優しそうな男に向かって、私はこう言いました。

「あなただけは……」

最後の、命がけの行動でした。味方になってくれれば、ほかの人を説得して止めてくれるかもしれないと考えたのです。

突然、車がビーチのほうに曲がって停まりました。それからは頭が混乱して、殴られたかどうか覚えていませんが、おそらくそれはなかったと思います。車の中に寝かされ、少なくとも三人から強姦されました。

覚えているかぎり、声をかけてお願いをした男はしてこなかったと思います。それ以外の三人から強姦を受けたのですが、最悪だったのは車を運転していた男でした。とても攻撃的で、レイプしてきたときも、ものすごく痛かったんです。その男の指も膣に突っ込まれたのですが、そのあと指の臭いを嗅いでから男は顔をゆがめました。その男がやった行為は完全に人を辱めるもので、本当に最悪でした。こう言ったのです。

「おまえ臭えな……」

そのあと、私は石の上に座っていたことを覚えています。その周りを、男たちが興奮してしゃべりながら歩いていました。そのときほど無力になったことはありません。男たちは大声でしゃべっていて、口論をしているかのようでした。これから私はきっと殺されるんだ、と思っていました。でも、男たちは私の髪をつかんで車にもう一度引きずり込んだのです。街に戻り、ガソリンスタンドの裏で降ろされました。

旅行の残りの間、私はそれなりに元気にしていました。何もなかったかのように装って、なんとか残りの二、三日を過ごしたんです。あそこも痛くて、心も傷ついていましたが、黙っていました。このことは誰にも言うまいと決めました。従姉妹にも、もちろん警察やツアーリーダーにも。とにかく、家に戻りたかったのです。

家に戻ったあと、この出来事を同性の友人に話しました。でも、受け入れられなかったみたいです。確かに、それが起こったと信じていたかもしれないけど、どうやって応じたらいいのか分からなかったんだと思います。

数週間後、性病検査をするために病院へ行きました。あいつらに、何か病気をうつされたのではないかと恐れていました。病院から重篤な病気にかかっていると言われたら、その理由を話さなければならないということまで想像していました。結果的には何もなかったので、この出来事には蓋をして、それ以来、八年間ずっと誰にも話すことはありませんでした。

時は流れましたが、やはり強姦という出来事が私に与えた悪影響は大きいものです。親密な性的関係に怯えたり、ちょっと無茶な生き方をしてみたり……いずれの場合もよいものではありませんでした。あの夜のことを思い出すと、一人で震えて泣いていました。強姦という出来事以外に、何か別のことを無理やり考えるようにしていました。

そうするうちに、ある男性と出会いました。恋愛の対象というより、気のあった友達という感じでした。ある夜、突然泣き崩れてしまって、すべてを彼に打ち明けました。あれから八年も経っていたことに驚きました。その男性は、私の話を何時間も聞いてくれました。自分の奥底に覆い隠していた感情や詳細な出来事を吐き出すことができたんです。黙って聞いてくれた彼には、今でもすごく感謝しています。

強姦という経験を、なかったことにすることはできません。現実に起こったことなのですから。「もし、このことを経験しなかったら、私はどんなふうになっていたのだろう?」と自問するとき、強い憤りを覚えます。この問いに答えはありません。この出来事がなければ、人間として、あるいは女性としてもう少し心穏やかに生きることができたかもしれないし、もう少し社交的になれたかもしれないと思います。けれど、悲しむのはもうやめようと思っています。そうしないと、あいつらに負けてしまう。それは絶対に嫌です。

新聞で女の子が強姦にあったというニュースに接するたびに、いたたまれなくなります。被害に遭った女の子に電話して、自分の感情に正直になっていいんだよ、その権利があるんだよ、と言ってあげたい気持ちになります。その子を抱きしめて、あなたは素敵よ、でも起こったことはあなたの責任じゃない、って言ってあげたい。

私を強姦した四人の男たちは残忍で邪悪な人たちです。いつかきっと、この罪は何らかの形で彼ら自身に返ってくると信じています。

エヴァ(三〇代)

第9章 低年齢の子どもの性的行動について

七歳になるある女の子が八歳の男の子四人からいじめられ、無理やり誰もいない教室に連れていかれた。男の子四人が、女の子に全裸になるよう強要した。そこに、五人目の男の子（彼もまた八歳だった）が入ってきて、洋服を脱ぐと女の子の上に横たわった。この一部始終を二人の女の子が見ていた。

別の七歳の男の子四人は、入学後の学期中、八歳の男の子から繰り返し強制的な性行為を受けていた。放課後の活動において使用する教室で、いっしょに性的な遊びに付き合わされていたのである。その性的ゲームには、強制的で脅しの要素が入っていた。七歳の男の子たちは怯え、そのうちの一人は睡眠障害やパニック発作が登校時に起きるようになった。それ以外の三人には、性的表出行動が見られるようになった。

何が起こったのかについて語った七歳の男の子の話に耳を傾けてみよう。

ある日、ヨーナスがいっしょにトイレに行って、「ちんちんを見せ合おうぜ」って言ったんだ。ヨーナスは、もし俺のちんちんをしゃぶらなかったら、先生にお前がちんちんを見せたって言うぞって脅したから、ヨーナスのちんちんをしゃぶったんだよ。もう、このことは話したくない。

オスカルと僕は、マットレスのところに行ったんだ。そしたら、アレクサンデルがヨーナスのちんちんをしゃぶってた。ヨーナスはオスカルのお尻にちんちんを入れて、そのあと僕にも同じことをやってきた。このときが三回目だった。そのあと、遊びに行こうぜとヨーナスが言った。下に降りていったあと、僕たちは何も話さなかった。

ヨーナスは、あいつらに無理やりやらせたんだ。ズボンと下着を脱げってヨーナスはみんなに脅してた。尻を上げろって、アレクサンデルに言ってた。そして、みんなに同じことをやったんだけど、僕にはしなかった。それで、僕は下に降りていったんだ。水を飲んでくると言ったけど、そうじゃなくて下に降りて遊びに行った。

遊びなのか、それとも虐待なのか?

近年、ボーイズ・クリニックは、子どもの性的行動にかかわる質問を学校や幼稚園からよく受けるようになった。何が正常で、何がそうでないのか、ほかの子どもよりも性的な言動を示す子どもに対して、どのように対応すればよいのか。学校や幼稚園の関係者は、こうしたことに悩んでいるのである。

八歳の少年複数名が七歳の女の子の服を脱がせて、ほかの子どもたちが見ている前でその女の子の上に横たわる行為は正常なのか？　八歳の男の子が七歳の男の子たちの肛門にペニスを挿入するという行為は？　七歳と八歳の男の子たちが互いの性器をなめ回す行為は？　八歳の少年が、七歳の男の子に対して「ズボンと下着を脱げ」と命令する行為は？　これらは明らかに、正常な好奇心や相互の探究心を超えた性的表出行為といえる。だが、彼らのことを年長者と同じ意味での性犯罪者と捉えるべきではない（一六ページも参照）。性行為が被害者や加害者としての自らに対してどのような結果をもたらすのか、彼らは深い考えをもつまでには至っていない。つまり彼らは、自らの行為がどのような意味をもつのかについて理解をしていないということである。

彼らが行う性行為の強制や脅迫の責任は、本人のみに帰せられるわけではない。彼らはむしろ、社会的・心理的に問題を抱えた被害者であり、虐待が起こった状況下に大人が不在であったということも関係して事件が起こってしまうのである。こうしたことが明るみになった場合、当然ながら、被害者および加害者の子どもたちを含めた、すべての関係者に対して支援の手を差し伸べる必要が出てくる。

性的発達

子どもは生まれたときから、あるいは生まれる前からも快楽を見つけだしている。胎児の段階で、子どもは手や足の指をしゃぶっている。生まれたばかりの男の子が勃起したり、女の子が膣の中に指を入れて興奮したりすることもあるが、幼児期の快楽探求行動は主に口腔部分に集中しており、次第にその関心が肛門や性器へと移っていく。

マスターベーションは、子どもの性的行動における典型的なものである（Gordon & Schröder, 1995）。幼児期のマスターベーションは、意図的な快楽探求というよりも好奇心から引き起こされることが多い。性器を刺激することが快感を伴うものだという理解が進んでいくのは二歳ごろになってからである。次第に、マスターベーションは性的快感という、より特別な意味合いをもつようになっていく。

幼児期の子どもは、自分や他人の体に対して興味を示す。機会さえあれば、喜んでほかの子どもの体を観察したがるだろう。思春期前の子どもによる性的活動において、何が正常で何がそうでないかは、文化や時代によって異なるために客観的な真実は存在しない。ある研究によると、すべての子どもは性的好奇心をもっているとされている（Araji, 1997）。こうした好奇心や関心をもつことは正常な子どものセクシュアリティであるが、性的関心を表現する方法には多様性が見られる。研究者たちが正常と見なす例をいくつか挙げてみよう。

四歳未満の子どもが、自分の体をじっと観察するというのはよくあることである。自分の性器を誰かに見せたり、親の性器や胸に興味をもつこともある。肛門や膣あたりにモノを突っ込むこともあるかもしれないが、通常は痛みを感じるとその行為をやめる。お医者さんごっこやままごと遊びをしたがることもあれば、本来の意味を理解することなく「卑猥な言葉」を発したりすることもある。

五歳になると、性器を触ってみたり、異性に関心をもったり、ままごと遊びをすることが多くなる。セックスについて知りたがり、「卑猥な話」をすることもある。ほかの子どもとキスをしたり、手を握ったり、「突きあったり」など、性的な体の動きをすることもある。

虐待と見なすべき行為

子ども同士の性的な遊びは、大人になってから性的関係を築くための自然な準備と捉えることができる。だが、本来の意味を理解する前に性的な遊びをする場合は、子どもたちの発達にとっては望ましくない状況に出くわす可能性があるということを意味する。

子ども間の性的虐待は、常に一方的な力関係によって引き起こされる。それは、身体的な意味においても、心理的な意味においてもあてはまる。子ども同士の虐待は、脅し、暴力、口止め行為、その他の巧みな行為によって行われる。本章の冒頭で示した事例のように、いじめが性的なハラスメントを超えて、あからさまな性的虐待をもたらすこともある。また、正常な性的探求が相互の好奇心や快感への関心から引き起こされるのに対して、虐待的な性格を有する行為は強制や罰による脅しが伴うものとなる。

性的虐待を受けた子どもとそうでない子どもを比較した結果、前者のグループに属する子どもの性的行動の度合いのほうがより進んだ傾向を示すといったことについて明らかにした研究がある（Friedrich, 1990）。この結果は、性器部分への刺激が強すぎたり年齢的に早すぎたりすると、子どものセクシュアリティへの目覚めが早まることを示唆している。

こうした場合、セクシュアリティは脅迫性やステレオタイプを伴ったものとなり、快感を呼び起こすものではなく、不安を軽減するものとして捉えることができる。ただし、性的虐待を受けた子どもが必ず異常な性的行動に走るわけではない。私たちが把握しているかぎり、性的行動に問題を抱えてボーイズ・クリニックにやって来た子どものほとんどは、性的虐待を受けたという経験がなかった。

正常と異常

一二歳までの子どもを対象とした性的行動の分類を行い、「正常」から「異常」に至る四つのグループに分けた研究がある（Johnson & Feldmeth, 1993）。

グループ１――以下のような特徴をもつ、正常な性的な遊びを伴うもの。

・その行動は、好奇心や探求心から引き起こされている。
・子どもたちは同年代であり、かつ同程度の発達段階にある。
・子どもたちは自発的に性的な遊びに参加している。
・性的な遊びを離れると、子ども同士は友人関係にある。
・性的な遊びの頻度と種類は限定的である。
・大人からやめるように言われた場合、その行為を（一時的に）やめる。
・その性的遊びは、自然発生的で前向きなものである。

グループ２――性的反応性を伴った行為。「反応性を伴った」とは、当該の行動が過去の出来事や現在または過去の生活環境と直接的につながっていることを意味する。反応性を伴った行動には以下のような特徴がある。

・その性的行動は「グループ1」と比較して、より発展的かつ広範囲にわたるものである。
・その性的行動は、当該の子どもの年齢には適切でない。
・その性的行動は、主に一人で行うことが多いが、ほかの子どもが関係する場合、彼らは同年代である。
・ほかの子どもを性的行動に参加させるために脅しや暴力が用いられることはない。
・大人からやめるように言われた場合、その行為を（一時的に）やめる。
・治療や支援は肯定的なものとして受け止められることが多い。

「グループ2」に該当する子どもの多くは、性的虐待の経験があるか、性的なものが露骨に表れるような家庭で暮らしている。性的内容を含むテレビを過剰に視聴すること、ポルノ雑誌を見ること、性的行為をしている両親などを観察することなどがそれに該当する。

大人がこうした子どもに関与しようとすると、ひどく恥ずかしがったり、激しい罪の意識を覚えたり、セクシュアリティに関する継続的な不安感を抱いたりするといった反応が見受けられる場合が多い。

グループ3――以下のような特徴をもつ異常な相互の性的行動を伴うもの。

・その性的行動は著しく大人向けである。
・暴力が用いられることはない。
・子どもたちは、その性的行動を隠れて行うことに長けている。
・発見された場合、罪や恥の意識を表に出さない。
・「グループ2」と比較して、支援を受けることへの関心が低い。

このグループに該当する子どもの多くは、性的、感情的、身体的な虐待を受けたという経験がある。そうした子どもたちは、劣悪な家庭環境に置かれている場合が多く、社会サービス局の介入対象になっていたり、里親や施設に移されていることもある。

セックスは、友人関係を築いたり、あるいは孤独や不安や悲しみや別れなどといった辛い感情をコントロールするための手段として用いられる場合が多い。性にまつわるものを受動的に対処するのではなく、むしろセックスによってストレスの多い自らの生活状況に立ち向かおうとするのである。また、こっそりと性行為に加わってくれるような、同じ悩みをもつ仲間を見つけたがる。

グループ４――以下のような、攻撃性を有する性的行動あるいは性的虐待を伴うもの。

・その性的行動は強制的かつ攻撃的である。
・性的虐待のしやすい対象を求めている。
・強制や脅しといった行為がかかわっている。その行為は、あからさまに行われるものもあれば、隠されるものもあるが、被害者は誰にも話さないように脅されている。
・虐待は、一度きりではなく継続している。
・孤独、不安、怒りといった感情がセックスや暴力と結びついている。
・被害者に対する感情がない。
・この種の虐待を犯す子どもは、自らも性的虐待の被害者であることが多い。
・こうした子どもを治療に向けさせることには困難を伴う。集中的かつ専門的な支援が必要とされる。

性的行動に至る原因

幼い子どもが異常な性的行動に及ぶ原因について、簡潔かつ分かりやすくまとめた小冊子が出版されている（Johnson, 1996)。同書には、正常な性的行動、大人の配慮を必要とする行動、および専門的な支援を必要とする異常な行動を整理した表も含まれていた。同書で扱われていたいくつかの例を以下に挙げてみたい。

問題のある性的行動は、以下に該当する子どもに見られることがある。

・テレビ、ビデオ、ビデオゲーム、雑誌、映画、ネットサーフィンなどによって混乱する情報が与えられている。

・注意深い監視を必要としている。放っておくと、大人向け、あるいは思春期向けのセクシュアリティに関するものにさらされるということが想定される。

・家の近くに、大きな影響が予想されるセックス関連の施設がある。

・家の中が性的な環境で満たされている。たとえば、セックスをめぐって両親がケンカをする、パートナーが性的嫉妬をする、あるいは性的言語を発する、性的ジョーク、他人の体に関する性的コメント、性的なジェスチャー、男女に関する（否定的な）性的コメント、子どもがいるところでポルノ雑誌や成人向けの映画を見るなど。

・家の中に、身体的、性的、感情的なプライバシーがほとんど、あるいはまったくない。たとえば、浴室に鍵がついていない、両親の性生活や問題について詳細に知らされる。不愉快な思いをしているにもかかわらず、子ども（六歳以上）の身体が観察や議論の対象になったり触られたりする。あるいは、嫌いな人にキスをするように強要される。ノックなしに寝室や浴室に入ってくる。家族が不愉快な思いをしているにもかかわらず、居住空間に性的行動やヌードが存在するなど。

・親の感情的な欲求を満たすために利用される。その欲求が、性的なものの場合もある。まるでパートナー代わりのように、親と子どもがいっしょに寝たり、風呂に入ったり、親が抱える問題を聞かされたり、買い物や映画などに付き合わされたり、親の性にまつわる複雑な態度や行動や感情にさらされる。このような行動は性的虐待の基準に該当するわけではないが、当該の子どもにとっては感情的、身体的、性的に極めて混乱をきたすものとなる。そのため、親との関係において全般性の性的緊張症状が見られる場合がある。

・飲酒やドラッグをしたあと、子どもの前で性的な振る舞いをする両親と暮らしている。

・セックスをめぐるケンカ、性に関する暴力的発言、強要されたセックスなど、セックスが暴力と日常的に結びついた環境で暮らしている。

・セックスが、ドラッグの交換手段や苦痛から逃れるための手段として用いられるような環境で暮らしている。

・身体的・感情的な虐待ないしネグレクトを受けている。

・同居する親、保護者、きょうだいなどに対する身体的暴力を目撃している。

・性的快楽を求めることを目的として、大人から性器や性的行動を観察するように強要される。

・大人の性的興奮の道具として、裸の状態で観察されたり、写真を撮られたりする（子ども同士のセックス行為を強要される場合もある）。
・身体的接触を受けたり、他人の身体を性的に興奮させることを強要されたりして、性的に虐待を受けている。
・ほかの子どもと比べて、身体的あるいはホルモンの影響によって異なる特徴をもっている。このことについてはほとんど知られていない。

大人のセクシュアリティを過度にさらされることは、子どものセクシュアリティの発展を妨げることにつながる場合がある。そうした場合、子どもたちは自らの混乱や緊張や不安を消し去るために性的行動を起こすことになる（Johnson, 1996）。

年齢別のセクシュアリティに関する行為

この小冊子において、子どもの性行為を年齢別に、「正常もしくは自然のもの」、「注意が必要なもの」、「専門的支援が必要なもの」の三段階に分けて示したものとして表が掲載されている。それが、次ページに示した**表9－1**と**表9－2**である。

表９－１　就学前の子ども（２～５歳）の性やセクシュアリティにかかわる行動

正常もしくは自然のもの	注意が必要なもの	専門的支援が必要なもの
親しい大人や子どもの性器や胸を触る。	親しくない大人の性器や胸を触る。自分の性器を触らせたがる	大人の性器や胸をこっそり触る。自分の性器を触らせるよう仕向けたり、触らせることを要求したりする
好奇心や探求心から自分や他人の性器や肛門にモノを突っ込む。	禁止されても自分や他人の性器や肛門にモノを突っ込む。	自分や他人の性器や肛門にモノを突っ込み、威圧、暴力あるいは苦痛を伴わせる。
ままごと遊びをして、母親や父親の役をする。	ままごと遊びをしながら、洋服を着たままほかの子どもと性的行動をする。	ほかの子どもに医者の真似をするよう強要する。 ほかの子どもに服を脱ぐよう強要する。
勃起する。	継続的に勃起する。	痛みを伴う勃起をする。
男女間の違いを知りたがる。	すべての回答を得たあとも、続けて男女間の性器の違いを知りたがる。	怒りや悲しみや攻撃性を伴った態度で男性あるいは女性の役割をする。 自分や他人の性別を嫌悪する。

表９－２　幼稚園から４年生の子ども（６～10歳）の性やセクシュアリティにかかわる行動

正常もしくは自然のもの	注意が必要なもの	専門的支援が必要なもの
性器、胸、性交、妊娠方法について知りたがる。	性的事柄に関して恐れや不安を示す。	性交に関することを絶え間なく知りたがる。当該の年齢にしては、性にまつわる知識を過剰なほど有している。
自分の性器を他人に見せたがる。	禁止されても人前で裸になりたがる。	人前で裸になり、洋服を着るように言われても拒否する。
睡眠時あるいは緊張、興奮、恐怖などを感じたときに自分の性器を触ったり擦ったりする。	禁止されても人前で性器を触ったり擦ったりする。 家具や物体を用いたマスターベーションをする。	通常の子どもの遊びを超えて、人前あるいはこっそりと性器を触ったり擦ったりする。 人を用いたマスターベーションをする。
同年代の子どもといっしょに性的なゲームをする。	自分よりずっと年下あるいは年上の子どもと性的なゲームをしたがる。	他人に性的なゲームをするよう強要する。
異性の洋服を着る。	異性になりたがる。	自分の性や性器を嫌悪する。
浴室にいるときや洋服の着替えの際にプライバシーを欲する。	浴室にいるときや洋服を着替えている姿を誰かに見られるとひどく怒る。	浴室にいるときや洋服を着替えている姿を誰かに見られると攻撃的になったり涙ぐんだりする。

「大きくなるまで待ち切れなかった」

当時一〇歳だったカールは、性的行動に問題を抱えていたためにボーイズ・クリニックに通うことになった。先に紹介した子どもの性的行動に対する四つの分類（ジョンソンとフェルドメスの研究。九一ページ参照）のうち、彼は「グループ３」に適合していた。ボーイズ・クリニックを訪れる一年ほど前、カールは従兄弟の家で両方の親とともにクリスマスを過ごしていた。その従兄弟はカールよりも三歳年上だった。親たちは、全員が重度のアルコール中毒で、クリスマスの時期はたいてい酔っ払って大声を上げたり、泣き叫んだり、ケンカをしたりと大騒ぎを繰り返していた。事実、カールの父親は妻を何度も殴っていた。

カールと従兄弟はいつものように、従兄弟の部屋へと逃げていった。そこにはビデオデッキとステレオが置かれていた。夕食を食べてプレゼントの交換をしたあと、二人はその部屋に閉じこもって鍵をかけた。大人たちのパーティーはだんだん騒がしくなり、収拾がつかないという状態になっていた。

従兄弟は両親の寝室の棚にポルノ映画が置いてあることを知っており、それをこっそり持ち出してきた。どちらからともなく、二人はポルノ映画を見ることになった。その映画はハードコアなもので、複数の男性が同時に一人の女性にセックスをするというものだった。肛門、口腔、膣へという性交の様子がグラフィックな形で描写されていた。映画を見ながら従兄弟がペニスを取り出し、マスターベーションをした。カールも勃起して興奮したが、二人の間には何も起こらなかった。

その一か月後、カールの隣に住んでいる一歳下の男の子がカールの部屋にやって来た。カールはその男の子のズボンを脱がしてペニスをしゃぶり、自分にも同じことをするように命令した。それからしばらくして、カールが通う学校のトイレでも同じような状況になった。カールは自分の部屋でやったことを別の男の子とやりたがったが、その男の子は「嫌だ」と言って拒否をした。カールが「殴るぞ」と脅したため、その男の子はカールの要求に応じた。その夜、その男の子がカールに強要されたことを母親に話し、学校や社会サービス局が対応することになった。社会サービス局は、以前からカールと彼の両親に連絡を取っていた。

ボーイズ・クリニックにおいてカールは、自分が見たポルノ映画から影響を受けたと話した。自分も映画のようにやってみたくなり、「大きくなるまで待ち切れなかった」と述べている。また、同じことを女の子ともやりたかった、とも付け加えた。

突然、カールが取りつかれたように性行為に走ったのは、ポルノ映画のせいだったのだろうか？　おそらく、それだけが理由ではないだろう。カールの生活を取り巻いていた、それ以外の

表9－3　ボーイズ・クリニックで対応した低年齢の子どもに対する介入・治療の例

子どもとその症状	原因－仮説	介入
6歳の男児 ・ほかの子どもの性器、とりわけペニスを触ったり強い関心を示したりする。 ・ぬいぐるみに放尿する。	・兄から性的虐待を受けていた。 ・精神・神経疾患診断(注意欠陥／多動性障害：ADHD) ・両親は離婚している。 ・父親とのコンタクトはなし。	・母親に対する心理的な支援。 ・男児と兄に対する個別の治療。 ・いくつかの組み合わせによる家族単位での治療。
9歳の女児 ・ズボンを脱ぐようにほかの子どもに強要したり、男児のペニスを引っ張ったりして、その上に乗って性行為をする。	・養父から性的虐待を受けていた。 ・思春期早発兆候がある。 ・若干の発達の遅れがある。	・母親と女児を対象にした心理・教育的見地からの診察。 ・身体の「プライベートな部分」や境界にフォーカス。 ・ほかの子どもと遊ぶときにどうすべきか話す。 ・思春期早発に対する投薬。
6歳の男児 ・ほかの男児のペニスをしゃぶったりしゃぶろうとする。 ・6歳の女児の性器をしゃぶる行為をした。 ・友達に性行為をした。 ・ほかの子どもを殴った。	・両親は離婚している。 ・両親の間でヌードやセクシュアリティに関する大きな意見の差があった。 ・両親の間でさまざまなもめ事があった。 ・男児は母親と非常に親しい関係にあった。	・男児に対する個別の治療。 ・性的行動の問題にフォーカス。 ・母親と父親に対する個別のカウンセリング。 ・幼稚園職員との話し合い。

12歳の男児 ・３歳と７歳の女児の性器に、自分の指を何度も突っ込んだ。	・思春期早発。 ・両親は離婚している。 ・学校でいじめを受けていた。 ・友人関係を築くのが苦手だった。 ・養父から虐待を受けていた。	・母親と養父のもとを離れ、父親と養母のところへ引っ越した。 ・一年間の集中的個別治療。 ・父親と養母の支援。
11歳の男児 ・４歳の男児にオーラルセックスを強要し、誰にも言わないよう脅した。	・両親は彼の勉強や社会的行動に高い期待を寄せていた。 ・厳格な父親。 ・悲しみや弱さにかかわる感情を表現することが苦手であり、ほかの子どもと比べて背が低いことに対する自分の気持ちを吐き出すことができなかった。	・男児との個別治療。 ・数度にわたる男児の両親との対話。 ・被害者とその両親との対話。

ボーイズ・クリニックで治療に用いる玩具

悪影響を及ぼす要因も関係しているはずだ。ポルノ映画を見たことで、カールは自分の心の中にある緊張や不安を和らげ、自らの強さを誇示して、誰かと親密な身体的関係を経験したり秘密事をつくったりして、もう大人に頼らなくてすむのだ、と思い込むことになったのだ。

カールを支援するための治療には、複数の専門的な知見が必要とされた。治療に必要な費用は社会サービス局から提供され、母親にも個別に治療を受ける機会が与えられた。彼女はアルコール依存症に取り組む「アルコホーリクス・アノニマス」(1)での治療を受け、飲酒をやめるに至っている。

荒れていたカールの家庭に秩序をつくり出すためには、基盤と境界の形成が重要であった。カール本人は、有能な教員が担任する小規模学級に参加しながら、ボーイズ・クリニックで個別の会話療法にも取り組んでいる(**表9－3**参照)。彼の性的行動の問題は徐々に収まっていったが、ほかの子どもとのケンカや衝突はそれ以降も頻繁に起こっている。

症状—仮説—介入

問題を抱える子どもが臨床的な支援を必要としていても、その問題の原因が治療者だけでなく、親や子ども本人にさえ見えにくいことが多い。そこでまず、子どもや家族といっしょに心理学的なアプローチを通じた調査を行うなかで、なぜ当該の子どもがほかの子どもよりも問題を含んだ行動をするのかについて理解するための仮説を組み立てていくことになる。

先に示した**表9－3**では、性的行動に関する問題の原因のうち、とりわけ重要と思われるものを示している。また、それぞれの問題に対してボーイズ・クリニックで用いる介入方法についても簡単に説明しているので参照していただきたい。

ポルノグラフィーを浴びせ続ける

先に紹介した小冊子（Johnson, 1996）では、子どもの異常な性行為を引き起こす一五の要因が示されていたが（九五～九七ページ参照）、そのうちの一つとして、ポルノグラフィーや大人向けの映画・作品を見ることが挙げられていた。これらが、子どもを混乱させたり、性的行動問題を引き起こす原因となることがある。

スウェーデンでは、ポルノグラフィーが幼い子どもに与える有害性について激しい議論が続いている。そこで私たちは、この問題について、もう少し詳細な検討を重ねてみた。

（1）（Alcoholics Anonymous，スウェーデン語でAnonyma Alkoholister）アルコール依存症に取り組む自助グループ活動で、一九三五年にアメリカではじまり、その後世界各地に広がった。日本でも活動が行われている。

スウェーデンにおける一二歳の男児全体のうち、「ポルノ映画を見たことがある」と回答した割合は約半数に上っている。また、一週間に五～七日テレビやビデオを見るという割合は七五パーセントに上っており、テレビの視聴のうち多くを占めているのが、いわゆるメロドラマのような番組である（Swanberg & Enge-Swarts, 2000）。

また、インターネットにも計り知れないほどのポルノグラフィーがあふれている。ハードコアなポルノグラフィーのサイトに誰でもアクセスが可能という状況も生まれており、ネットサーフィンをしているときにポルノグラフィーに出合わないようにすることなど、むしろ不可能に近いといえるだろう。

このような状況は子どもたちにとっても同じであり、学校では、中学年以上のみならず小学年の段階ですら、より顕著な性的環境が生じている。性的いじめ、セクシャルハラスメントなど、性的ニュアンスを含んだいじめはよく知られている現象である。

これは、セックスやポルノグラフィーだけの問題ではない。新聞記事の見出しには、子どもを性虐待するペドファイル、子どもの誘拐や殺害事件、児童ポルノ、保育所の職員が子どもを強姦したという事件、子どもによる子どもの殺害事件といった記事であふれているのだ。

大人が入手するメディア情報と子どもが入手するメディア情報の間にフィルターはかけられていない。子どもが文字を読める年齢に達してしまえば、親がこれらの情報から子どもを守ることは不可能なのだ。メディアは虐待や悪質なものを誇張してセンセーショナルに伝えているが、その内容はモノの見方を歪めるようなものであり、現実とはかなり異なる描かれ方をすることが多いのだ。

子どもたちは、どのようにしてこれらの情報に対処したらよいのだろうか？　自分がマスターベーションの対象になったり、性産業で売買の対象になったり、ペドファイルの被害者になったりするかもしれないという現実を、子どもたちはいったいどのような気持ちで捉えているのだろうか？

子どもは成長していく過程において、理解不能な事柄に出合うというのが常である。それ自体は自然なことであるが、与えられる情報は、子どもがすでに知っている情報へと統合可能な量であるべきだし、できれば親などが監督し、説明が加えられたうえで与えられることが望ましいだろう。

とはいえ、ハードコアなポルノグラフィーや性的いじめ、恐怖を与える見出しなどは、こうした方法で処理できるものではない。これらの影響に対処するための子どもへの支援は、ほとんどなされていないというのが現状である。簡単に入手可能なポルノグラフィーや暴力的な映像や情報にさらされる子どもは、疑問を抱きながらもその答えを得ることができない。子どもたち自らがそのような疑問を解消しなければならないとしたら、いったい何が起こるのだろうか？

ボーイズ・クリニックでの経験から、私たちは子どもへの性行為を強要する年齢が若年化していることを発見した。この傾向は、おそらく先の小冊子（Johnson, 1996）で述べられたように、今日の子どもたちを取り巻く世界が過度に性的になっていることと関連しているだろう。多くの子どもは、テレビやビデオ、インターネットを通じて過激なポルノグラフィーに接しており、そこでは輪姦やフィストファック、そして動物とのセックスがあたかも「当たり前のもの」として描かれているのだ。

また、ティーンエイジャー以降を対象とした雑誌でも、小中学年の子どもが読んでいる場合があり、そこではアナルセックスや性器へのピアス、「どうやって彼氏にフェラチオをしてあげるか」、「窒息プレイって何？」、「身の周りにあるアダルトグッズ」といった情報がちりばめられている。つまり、セックスは音楽やファッションといっしょに売られているのだ。就学前の子どもでさえも、短い丈のトップスや紐のショーツなどといった「セクシーな」服を着た広告にさらされている。

こうしたセックスやポルノグラフィーに関する大量の情報から守られていない子どもの多くは、それ以外の生活においてもリスクを抱えている。彼らは、自分で消化し、統合しきれない感情に対処するために、自らをほかの誰かに見立てようとしたり、誰かを困らせたり、いじめたり、虐待をしたりする。

少なくともスウェーデンにおいては、セックスに関して抑え込んで隠し立てしたり、タブーとして扱うということはなくなった。性教育によって、開放的で楽しそうにその話題を扱うようになり、ついには「何でもありなのだ」という立場にまで展開していった。だが、これらの事柄に関して開かれた考え方をすることと、「何でもあり」なものとすることの境界線はどこなのだろうかと、自問自答していく必要がある。

「思春期というものは、むき出しの空想が現実の鋭い刃によって切り刻まれるものだ」という言葉がある(2)。では、仮に思春期よりずっと前から、子どもや若年者が空想するものをはるかに超えた下品で非人間的な性的現実にさらされる場合、彼らの性心理的な発達はどうなってしまうのだろうか。

私たちにできること

少年たちが自分の性的役割のモデルをポルノグラフィーのなかに見いだしたり、少女たちがそ

(2)　スウェーデン出身の作家・評論家のヤーン・ミュルダール（Jan Myrdal）による小説『五月の愛（Maj: en kärlek）』からの引用。

のモデルに順応しなければならないと思い込んだりしないように、親や教師に求められる役割は大きい。自分の子どもが、どんな友人とどんな場所で過ごしているのかについて気をつけておくことも重要だが、どんなテレビ番組や雑誌を見たり読んだりして、どんなニュースに接しているかについて注意しておくことも重要となる。

私たちができることは、これらについて子どもと話そうと心がけることだ。質問し、説明し、干渉する——年齢的にまだ消化しきれない情報から子どもを守るために私たちができることは、こうした方法となる。

このような点について、学校は親の助けになるかもしれない。多くの子どもにとって、セックスについての話は親以外とするほうが恥ずかしくないものである。「性教育」や「衛生」といったトピックが、思春期の後半にかぎられていた時代はすでに終わっている。低学年からスタートして、義務教育の高学年の段階まで継続的にこうした教育を続けることで、子どもたちには年齢や発達に応じた援助の手が差し伸べられることになる。それによって子どもたちは、ハードコアなポルノグラフィー、テレビや映画に出てくる暴力、ティーン雑誌に描かれた過激で大っぴらなセックス関連の情報など、ネガティブなイメージをどのように整理して対処するべきなのかについて理解ができるようになる。また学校では、性的言語、性的いじめ、子どもや青年間の性的虐待に関する討論会のような場を設定することも重要となる。

第10章 リスク評価に潜む危険性

一九七〇年代、性的虐待にかかわる問題は広く議論される対象ではなかった。若年性的加害者に対しても、何ら着目されることはなかった。当時の時代精神が、性的タブーを築くというより、むしろそれを壊すほうに向けられていたことと関係しているのかもしれない。要するに、性的逸脱が問題視されることはほとんどなかったのである。「殺し合うのでなく愛し合おう」――これがこの時代のメッセージであった。当時はまだ、ＨＩＶやエイズの問題も社会には登場していなかった。

一九八〇年代から一九九〇年代にかけて、研究者たちは成人の性犯罪者の多くが一〇代のころから性犯罪を行っていることを突き止めた。それ以降、子どもや若年者の性的虐待に対する見方に変化が生じ、非常に深刻なものとして捉えられるようになった。すなわち、一〇代による性犯罪は計画的なものであり、虐待した記憶は、マスターベーションの最中に新たな犯罪への願望へと形を変えていくと考えられた。

性的虐待を犯した一〇代の男の子は、それがどのような場所でいかなる文脈のもとで行われたかに関係なく、その後も虐待という時限爆弾を抱え込むことになる。注意深く見守り観察する、保護施設への強制入所、年下の子どもと遊ばせることを避ける、考え方を変えるための認知療法、これらの対応策がすべての若年加害者に不可欠であると考えられてきた。

だが近年、この問題をめぐる見方にさらなる変化が生まれている。性的虐待を犯す一〇代のなかにも、やめることなく加害を続ける人と、二度と繰り返さない人とに分かれることが明らかになりつつある。この両者の間を、私たちはどのように区別すべきなのだろうか? 現在の臨床研究が試みているのは、この問いに対する回答を探すことである。

そのための手段として、いくつかのリスク評価法が開発されつつある。だが、ある人が性犯罪を繰り返すか否かを判断することは、果たしてどの程度可能なのだろうか。人間というのは複雑な生き物であるため、確信をもって個人の将来的な行動を予測することは不可能に近い。

高い常習犯罪リスクを抱えた若年加害者を見逃さないように注力すべきだ、と主張している研究者がいる（Beckett, 1999）。社会サービス局や小児精神医が、常習犯罪リスクの低い若年加害者に対して過度の介入をしてしまう危険性があるからだ。社会的ケアを必要としない人に対して過度に提供してしまうと、新たな性犯罪に走ったり、正常な友人関係を壊したりすることにつながる可能性が高くなる。したがって、ここで問題となるのは、高い常習犯罪リスクを抱える人とそうでない人をどのように区別するのかという点になる。

若年加害者に関して現在までに行われた研究には多くの欠点がある、と前掲の研究者は指摘している。つまり、これまでの研究では、子どもを虐待する若年加害者と成人を暴行する若年加害者とをいっしょに扱ってきたということだ。

虐待の多くは、届けが出されていない。それにもかかわらず、研究の対象は再犯を犯し、かつ有罪判決を受けた若年加害者にかぎられてきた。そして、対照群もほとんど存在しない。わずかに追跡調査は存在するが、それらも追跡期間が短かったり、対象者の数が少なかったりといった問題を抱えていた。また、被害者の性別によって常習的犯行率の違いが生じるのかについてはまったく解明されていないし、家庭内における若年加害者についても知らないことばかりである。さらに、思春期の性犯罪者のうち、どのような人が大人になっても性犯罪を繰り返すのかについて解明するための予測調査も存在していなかった。

成人加害者と若年加害者の常習的犯行リスク

マドリッドで開催されたEU会議(原注)において司法心理学者のリチャード・ベケットは、常習的犯行リスクと若年性犯罪者に関する現在の知見を述べた。成人加害者の高リスク要因が何であるのかについては多くのことが明らかになっている一方で、若年加害者の常習的犯罪リスクについては何も解明されていないとベケットは説明し、具体的な例として以下の点を挙げている。

・成人の性犯罪者の場合、被害者に対する感情が欠けていると常習的犯行リスクは高まる。若年加害者の場合にも同じことが当てはまるのかについては分かっていない。通常、思春期というのは自己本位の時期である。したがって、思春期にあたる子どもたちは自己中心的であるのが常であり、他者に対する感情移入も一時的に機能しない場合が想定されるが、それは必ずしも異常なこととは見なされない。

・成人の性犯罪者の場合、認知の歪みは常習的犯行リスクの要因となる。若年加害者の場合も同じことが当てはまるのかについては分かっていない。認知の歪みの一例として、実際は加害者が自分から強姦したにもかかわらず、被害者のほうがセックスをしたがって誘ってきたのだと思い込んでいるといったことが挙げられる。

・成人の性犯罪者の場合、孤独な感情を抱えていることは常習的犯行リスクを高める。若年加害者の場合も同じことが当てはまるのかについては分かっていない。

・成人の性犯罪者の場合、自尊感情が低いと常習的犯行リスクの要因となる。若年加害者の場合も同じことが当てはまるのかについては分かっていない。

・成人の性犯罪者の場合、子どもに対する性的嗜好は常習的犯行リスクの要因となる。若年加害者の場合も同じことが当てはまるのかについては分かっていない。

・成人の場合、性犯罪の再犯歴はさらなる犯罪を生むリスク要因となる。若年加害者の場合も同じことが当てはまるのかについては分かっていない。

・成人の犯罪者の場合、逸脱した性的関心をもっていることが再犯罪のリスクを高めている。若年加害者の性的関心やそれが、どのように常習的犯行リスクに影響するのかについてはほとんど分かっていない。

・継続中の治療処置をやめること、低い社会適応能力、犯罪歴をもっていることは、成年・若年両方の性犯罪者にとって性犯罪を繰り返すリスク要因となる。

SVR－20（性暴力リスク）

近年、スウェーデンでは若年性犯罪者の常習的犯行リスクを判断するためのガイドラインの開

（原注）二〇〇〇年四月六～八日にマドリッドで開催されたEU会議「Daphne Initiative：性的虐待を犯した若年加害者に対する治療――可能性と課題」を指す。

表10－1　SVR-20の項目と各項目のチェックリスト

心理社会的適応	性犯罪
・性的逸脱 ・子ども虐待の被害者 ・周囲に無関心で自分の思い通りにしたがる性格 ・深刻な精神疾患 ・薬物乱用 ・自殺／殺人願望 ・家庭での問題 ・勤務先あるいは学校での問題 ・過去における性関係以外の暴力犯罪歴 ・過去における暴力以外の犯罪歴 ・過去における保護監督の失敗	・常習的な性犯罪歴 ・多種にわたる性犯罪歴 ・性犯罪における被害者への身体的危害 ・性犯罪における凶器の使用または殺害の脅し ・性犯罪の頻度や激しさの段階的増大 ・性犯罪の極度な最小化あるいは否定 ・性犯罪を支持したり許容したりする態度 **将来の目標** ・現実的な将来目標の欠如 ・介入に対する否定的態度

発に向けた取り組みが進んでおり、少年保護施設[1]において試験的な運用がなされている。「SVR-20」とはそのチェックリストの名称であり、カナダのサイモンフレーザー大学メンタルヘルス法政治研究所に所属するドグラス・ボア（Douglas Boer）、スティーブン・ハート（Stephen Hart）、ランダル・クロップ（Randall Kropp）、クリストファー・ウェブスター（Christopher Webster）によって開発されたものである。

SVR-20は、スウェーデンの状況に適応させた形で翻訳が行われている。この作業を行ったヘンリック・ベルフラーゲ（Henrik Belfrage）、ベングト・ヤール（Bengt Jarl）、ニクラス・ロングストレーム（Niklas Långström）の三人は、成人を対象とした精神医学や司法精神医学の分野で活躍している。

ＳＶＲ-20の項目のなかには、「心理社会的適応」、「性犯罪」、「将来の目標」にかかる内容がある。このチェックリスト（**表10-1**）は、有罪が確定した成人の性犯罪者を対象とした遡及研究を踏まえてつくられたものである。これまでの研究から、上記の範囲において、再犯を犯す者とそうでない者の違いが明確になると結論づけられている。また、いくつかの変数がそれ以外の変数より重要であることも明らかにされている。重要な変数は以下のとおりである。

・性的逸脱
・性犯罪を支持したり許容したりする態度
・性犯罪の極度な最小化あるいは否定
・常習的な犯罪歴

（1）一九九〇年に制定された若年者保護特別法（Lag med särskilda bestämmelser om vård av unga : LVU）第一二条において当該施設の設置が定められている。そのため、「一二条施設」と呼ばれることもある。

リスク評価の一例

以下に示した報告書は、ＳＶＲ‐20に基づいて作成された一六歳（当時）のエリックに対するリスク評価をそのまま再現したものである。その当時、エリックは年下の子どもに対する性的虐待を犯したために、強制的な保護下に置かれていた。報告書は、彼の実家がある自治体の社会サービス局に対して作成されたものである。

●エリック（一六歳）に関する報告書●

心理社会的適応

エリックは五人家族である。父親と姉とともに暮らしている。両親は離婚したため、エリックの母親は一人で暮らしている。もう一人、母の違う姉がいるが、すでに成人して独り暮らしをしている。

両親が離婚したのはエリックが三歳のときだった。薬物依存という問題を抱えていた母親とは、不定期にしか会うことができなかった。

社会サービス局がエリックの存在を知ったのは、年下の男の子を性的に虐待したという訴えを受けたことがきっかけである。それ以来、暴行、強盗、窃盗の容疑で二度訴えられている。六歳のころから小さな盗みを何度も繰り返しており、エリックは店の経営者たちにもよく知られた存在だった。ただし、万引きの容疑で警察へ訴えられたことは一度もない。性犯罪に関しては、その事件が起こった時点ではエリックが起訴対象年齢に達していなかったため、裁判にもち込まれることはなかった。

エリックが七歳のとき、子育てがうまくいかないことを案じるようになった父親が小児精神科医のところへ相談に行っている。エリックの父親は、学校関係者とも緊密に連絡を取り合っていた。父親は、エリックが学校でうまく勉強に打ち込めないことや楽しそうに日々を送っていないことを心配していたのである。

学校側は、エリックの愛嬌のある明るい側面と、不誠実かつ威圧的で「狡猾な」側面の両方を知っていた。学校を卒業する二年ほど前からエリックは、集中力の欠如、無断欠席、「荒れた不良の」生徒たちとつるむなど、さまざまな問題を抱えるようになっていた。

エリックは小さいころからセックスに関心を示すようになり、一一歳のころから多くのポルノ映画や雑誌に接してきた。つまり彼は、周りの友達や映画・雑誌からセクシュアリティや異性との関係について知識を得てきたのだ。

エリックは、同級生とセックスをしたことは一度もないと述べ、性的な経験といえば自らが犯した性犯罪だけだという。ポルノグラフィーについての関心を問われると、エリックは非常に恥ずかしがった。女の子やセックスの話題が挙がったときも同じである。

このような状況をまとめると、エリックは大人の役割がほとんど機能していない家庭で育ち、親同士も未解決の問題をたくさん抱えていた。またエリックは、自身の衝動をコントロールすることができなかった。何か欲しいものがあると、それを我慢することができなかったのだ。エリックの周囲においてネットワークづくりを父親が慎重に行っていたが、それが助けになることはなかった。

性犯罪

エリックは、三歳から五歳になる三人の男の子を虐待した。エリックが語るところによれば、マスターベーションをしながら自分のペニスを男の子たちに見せたという。だが、この内容と被害者の男の子たちが語る内容は、重なる部分がごくわずかでしかなかった。

被害者の男の子たちは、エリックがペニスやそれ以外のものを自分たちの肛門に挿入したと述べている。父親は、エリックがそのほかにも犯した罪があるのではないかと疑っている。たとえば、エリックが一三歳のときに年下の男の子とよく遊んでいたが、しばらくして、その男の子がエリックと二人きりになることを嫌がるようになったという。

エリック自身は、自白したもの以外に犯した罪はなく、「今後、二度と繰り返さない」とも述べている。しかし、前述の行為は被害者の親が発見して明らかになったものであり、エリックが自白するまでに長い時間がかかっていることを考えると疑問が残る。

将来の目標

エリックは、将来の目標をそれほど多くもっていない。目前の願望は、なるべく早く家に帰る許可を得られることだという。そうすれば、再び「いけてる」友人たちと遊べるからである。その友人たちは、「いい奴らで、いつも俺を尊重してくれる」ため、彼らとの付き合いはこれからも続けると述べている。

彼らが日常的に犯罪行為を行い、他人に危害を加えていることは、エリックにとってはどうでもよいことであった。自分に対して優しく接してくれればそれで「よい」のである。エリックは次のようにも述べている。

「あいつらが悪いことをしているときは、いっしょにいなければいいのさ」

エリックは治療者との予約時間を守っているが、必要以上のことは話そうとしない。治療が終わるまでは「俺の時間を提供してやって」、治療が終われば何もなかったかのようにまた同じことを繰り返すのがエリックのやり口なのだという印象を私たちは受けた。今後、性犯罪を繰り返さないとエリックは主張しているが、それは保護観察下に置かれたくないためである。

結論

このリスク評価に基づくと、エリックは幼少の子ども（男児）との関係における異常な性的興奮パターンを有しているように疑われる。彼自身はこのことを絶対的に否認し、私たちが話題にもち出そうとすると非常に苛立った態度を示した。また、彼が再犯を犯すリスクを抱えており、「一人にさせることはできない」と私たちが説明するときも、非常に苛立った表情をしていた。

このような興奮パターンは、まだしっかりと形づくられたものでないと思われる。というのも、エリックは自らの性的アイデンティティを探し求めるという正常な思春期を過ごしており、同級生の女子に対する性的関心を示しているからである。いくつかの状況下で再犯を繰り返すという高いリスクを彼が有していると私たちが確信をもち、また案じているのは、なんといっても「俺の時間を提供してやっている」という彼の態度にある。

エリックが強く否定する態度は相変わらずであり、治療において虐待のことを話すには困難が伴った。また、罪や寄り添いの気持ちをもつことも苦手のようである。さらに、支援を求める意志が欠けており、欲しいものは奪う、という意識に慣れきっていた。

以上のことを踏まえると、エリックが自らの性的問題に取り組む間、再犯を防ぐために、長期間にわたる周囲の強い監視とサポートが今後も必要であると考えられる。

二〇〇〇年一二月

ハンス・ハンソン（Hans Hansson・心理士）

評価の不確実性

スウェーデンの中心部にある「少年保護施設」（一一七ページの訳注参照）の一つに、性加害者を対象とした棟が造られた。この施設に、少年保護施設送致処分を受けた若年者あるいは社会サービス局によって強制的な保護下にある若年者が入所することになる。若年性加害者の棟には七つのベッドが用意されている。

施設長のペール・ブルムクヴィスト（Per Blomkvist）は、カロリンスカ研究所(2)の司法精神医学局に勤務するニクラス・ロングストレーム（一一七ページ参照）の協力を得て、性犯罪の再犯リスクを測るためにＳＶＲ－20を使用している。

ブルムクヴィストは、若年の性犯罪者が再犯に走るか否かを判断する道具として、このリスク評価を用いるには改善が必要だと述べている。(原注)

若年者により適応可能なものとするために、ＳＶＲ－20に修正を加えているところです。精神疾患の診断も評価のなかに盛り込まれていますが、一八歳未満の子どもに対してこうした評価を用いることはできません。それに代わって私たちが着目するのは「精神疾患的特徴」、すなわち、当該の子どもが周囲に無関心で、自分の思いどおりにしたがる性格であるかどうか、嘘をつくか、感情移入ができないか、といった点です。そうした点から精神疾患の診断を行っていますが、私たちはそのような名称では呼びません。

感情移入という点については問題になることがあります。私の棟にいる子どもたちは他人に対して、あるいは互いにかなりの感情移入をすることがあるのです。誰かが傷つくと、ほかの子どもはその子どもに対して多くの同情を向けます。道路でひかれてしまった動物を見ると、とても悲しい表情をする子どももいます。しかし、誰かが欲しいものと自分のそれとがぶつかった場合、共感の姿勢は跡形もなく消え去ってしまいます。自分の欲望ばかりに固執するようになり、それを奪った奴は死んじまえ、ということになるのです。

評価の問題として挙げられるのは、若年加害者の性的願望がどのようなものかについて洞察することは非常に困難である、という点です。ある若年加害者のマスターベーション願望とはどういうものなのでしょうか？　性的願望が異常であればあるほど、そのことを他人に打ち明けようとしないのは当然のことですし、その願望によって、性加害者を対象とした閉鎖的な棟に閉じ込められる可能性があると思うとなおさらです。

この分野における発展は、国際的にも目覚ましいものがある。若年者にもっと適合したリスク評価のための新しいチェックリストも開発され、試験的な運用がなされている。ロングストレームの支援のもと、ブルムクヴィストは「ＥＲＡＳＯＲ（若年者常習的性犯罪リスク評価）」と呼ばれる別のチェックリストを用いることを予定している。ＥＲＡＳＯＲは、カナダの若年性加害者を対象として試験運用がなされつつある。[3]

ロングストレームによれば、スウェーデンで翻訳され、改良されてきた性暴力に関する判断の

（2）　一七ページの訳注を参照。
（原注）　二〇〇〇年一二月に実施したインタビューより。
（3）　オンタリオ州地域およびカナダ社会福祉サービス省のもとで、心理学者のジェームズ・ウォーリング（James Worling）とトレイシー・カーウェン（Tracey Curwen）が二〇〇〇年に開発したリスク評価ガイドライン。

ためのガイドラインは臨床評価の形態を取っている。その臨床評価では、リスク評価が注力してきた対象分野も含めて評価がなされている。ロングストレームは以下のように述べている(原注)。

純粋な臨床評価は賭けのようなものです。結果は予測にすぎません。この方法を用いることで評価はより精度の高いものになりますが、すべてのケースにおいて正しい結論が導き出せるわけではありません。

テストは、一定の集団の回答結果をもとに開発されています。当然、常に多くの例外が生じることになります。だからこそ、臨床的見地では個人レベルでの評価が重要になってくるのです。

臨床評価がとりわけ重要になる場合として、暴力や脅しの手段を用いることなく性犯罪に及んだ若年加害者が、実は被害者に対して非常に敵意を感じており、傷つけたり殺害したいといった願望をもっていたことを治療者に突然話すといった事例が挙げられます。そのような場合、臨床評価はその他のリスク要因が存在しないことよりも重視されます。

(原注)　二〇〇〇年一二月に実施したインタビューより。

第11章　治療のための前提条件

以下では、若年加害者による性的虐待、あるいはその行動が過度に性的であったり、虐待の性質を帯びている場合において、介入→支援→治療に向けた「前提条件」となるいくつかの点について論じていきたい。

ここでいう前提条件とは、外的環境、事実に基づく状況、および私たちが慎重な検討の末に取る方法や手段のことを意味する。以下の説明は、すべて私たちのボーイズ・クリニックでの経験に基づいたものである。

何が起こったのかを突き止める

たとえ刑事責任を問われる年齢以下の子どもが関与した場合であっても、一連の出来事を詳細に調査することが必要となる。「誰かが誰かに対して何かをしたのだが、確証はもてない」といった状況下で「治療」についての問い合わせを受けることがよくある。何が起こったのかを突き止めるためには、恐怖に満ち、恥辱的で「汚れた」経験を子ども自身に語ってもらわなくてはならない。子どもたちに語らせるのを不快に思ったり、望ましくないと感じる親や専門家がいることも理解できる。しかし、それでも、何が起こったのかについて明らかにすることは、意味のある治療を行うためには必要条件となる。

私たちは、調査と治療はできるかぎり離して扱われるべきだと考えている。子どもが治療に来る前に、いくつかの疑問点が明らかにされていなくてはならない。その際、重要になるのが社会サービス局の役割である。以下は、その一例である。これらの疑問点は、子どもたちとの直接的な会話を通じて明らかにされることもあれば、警察による取り調べや裁判所の判決などの記録から明らかになる場合もある。

虐待に関する出来事――誰が誰に対して何を行ったのか？　いつ、どこで起こったのか？　何回起こったのか？　強要や暴力はあったのか？　脅しや口止めは？　どのようにはじまったのか？　どのように終わったのか？　いかにして、その出来事が明らかになったのか？　被害者と加害者間の関係は明白か？　遊びだったのか、あるいは虐待だったのか？

居合わせた人、参加した人、目撃した人――そこにいたのは誰か？　誰がその出来事を知っているのか？　誰が目撃したのか？

反応、感情――悲しがったり、怖がったりした人はいたのか？　心的外傷後症状、あるいはその他の症状や反応を示した人はいるのか？

加害者（たち）――容疑者の話はどのようなものか？　この出来事のことをどのように説明しているのか？　話の内容は被害者の話と一致するのか？　さらなる加害のリスクを示す兆候の有無は？　それはどのようなリスクか？

被害者――被害者は、さらなる虐待を受けないように保護されているか？　被害者は起こったことをどのように表現・説明しているのか？　被害者の話は加害者の話と一致しているか？　被害者は身体的被害やその他の苦痛を負っているか？

事件が警察に通報された場合、これらの疑問点のいくつかはすでに明らかになっている可能性もあるが、そうでなければ別の方法で明らかにされる必要がある。こうした取り調べの重要性を強調するのは、そのことによって噂の拡散防止につながるからである。事実というものは、誤って伝わったり、過大化されたり、逆に最小化されたり、あるいはすべて失われることがある。

性的虐待問題にかかわるあらゆる人びとが怒りや不安に駆られ、その出来事に関する自分の意見を話したり書いたりする。そこには、その出来事の中心にいる人から周辺にいる人までさまざまな立場の人が含まれる。こうした複数の「真実」、態度や意見が治療を妨げるのである。できるかぎり早い段階で、事件に関係する子どもたちからの説明を含めた一連の出来事に関する客観的な描写を文書に残しておく必要がある。そのことは、治療を成功に導くための、もっとも望ましい前提条件となる。

事件を深刻なものとして受け止める

若年加害者自身が事件と向き合うように促すことも、有用な治療を行うための重要な前提条件となる。加害者たちは、虐待が起こった事実をすべて、あるいは一部を認めている場合でも、その深刻さを捉えようとしないことがよくある。

「俺がやったことがレイプだって知らなかったんだよ」

同様のことは、加害者の友人、きょうだい、親、ガールフレンドなど、加害者に近い立場にある人にもいえる。加害者自身の思い込みや加害者を許す家族や友人といった存在は、驚くほど加害の深刻さを理解する際の妨げになる。周囲の人間たちは、加害者である自分の子どももやきょうだい、そして友人を信じたいという思いに駆られ、何があったかについては見ようとせず、すぐに自分たちの生活を取り戻したいと考える。こうした態度が有益な治療の実施を妨げることになる。

また、事件はたった一度きりの出来事で、「年頃の男の子は関心があるけれど、その時期はいずれ終わるだろう」というような軽視した態度を取ることも、事件に迫る恐怖や家族の問題を見えなくしてしまうこともある。若年者による虐待は、家族内の緊張関係や対立から引き起こされている症状や表現かもしれないのだ。

私たちは治療の初期段階において、「事件を深刻なものとして受け止める」ことを重視してきた。それは教育的な任務の一部といえる。若年者による犯罪といっても、仮に事件が起こったときに加害者の年齢がもう少し上であったなら、数年間、刑に服することになっていたはずである。多くの場合、家族や友人はそうしたことをあまり認識していない。

親が事件を深刻なものとして受け止めるためには、「若年加害者」に関する情報を伝えたり、私たちの治療者としての経験を話したり、被害者自身が虐待について語った内容を聞かせたりすることが有用となる。これによって、心理療法的な治療を受ける段階で、自身の子どもに対して前向きな支援をすることの大切さに気づいてもらう必要がある。

仮に若年加害者が一五歳未満であったとしても、警察の調書として保存しておくことが望ましい。それにはいくつかの理由があるが、とりわけ調書の作成作業が事件の徹底的な検証につながる場合は重要となる。その作業を通じて虐待の深刻さが明らかになり、被害者の声に耳を傾ける機会が増える。被害者の声を保存していなければ、その内容はすぐに忘れ去られ、失われることになる。文書や録音の形で残されていることで、その内容は活かされるということだ。

対立する語り

事件に関する語りにおいて、完全な否定をすることと最小化することの違いは非常に重要である。その違いによって、治療をそもそも開始できるか否かが決まってくるからである。ここでも、若年加害者の周囲にいる人が治療の機会に大きな影響を及ぼすことがよくある。たとえば、親が子どもに代わって次のように証言することがある。

「私の息子がそんなことをするはずがない、と保証します」

そして彼らは、被害者に悪い噂があるとか、「セックス好き」だとか、「損害賠償請求をしたいだけ」などと言いながら被害者側を非難する。このようにして本人の口から語る機会が奪われてしまうと、真実を話すことが不可能になってしまう。

罪を認めることは、自分の信用を傷つけ、大切な人たちに恥をかかせることになる。私たちがとりわけ戸惑うのは、家父長的な伝統や価値観をもった家庭と接するときである。そうした態度が、実は子どもを救っているのではなく、むしろその逆であるということに気づいてもらうために、彼らに疑問を投げかけていく必要がある。だが同時に、その家庭の価値観や伝統に対して敬意を表することも重要である。

場合によっては、若年者やその家族、友人が犯罪に対して完全に否定しているにもかかわらず、行政側からの指示によって、治療を受けるためにボーイズ・クリニックに来ることがある。そうした状況下では、有意義な治療を施すための前提が、少なくとも初めの段階においては存在していないと言わざるをえない。

このような状況下において私たちが取り組んできた事例として、社会サービス局を「主催者」としたネットワーク会議の開催が挙げられる。この会議では、起こった出来事を確認し、被害者の話に耳を傾けることで、加害者が「事件を深刻なものとして受け止める」ことを目指している。会議を開催していると、加害者本人と親しい間柄にある人のなかで「鍵」となる人物が現れることがある。こういう人は、ほかの人よりも否定の態度が控え目で、起こった出来事の深刻さを理解しており、進んで被害者側に立とうとするほか、若年加害者には治療を受ける必要があると、ほかの人を納得させるための働きかけをしてくれる。

ある事例において、加害少年の家庭の友人から予期せぬ助けを得たことがある。その友人は、小さいころから少年のことを知っていた。友人は被害者の証言を聞き、少年自身は否定しているものの、罪の意識をもつべきであると考えた。少年と向かい合った友人は、嘘を撤回させることに成功した。罪を認めたのち、少年は治療を受けることについても前向きな態度を示すようになった。

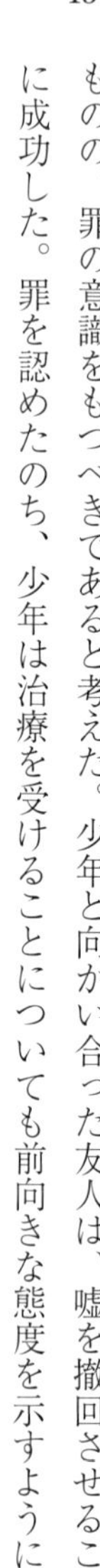

ネットワークの視点

前章で示したいくつかの事例のように、きょうだいや異父母きょうだいの間で起こる虐待の場合、家族全員が危機に追い込まれることがある。ここで強調したいことは、家族の視点が必要とされる事例において、専門家によるネットワーク機能を構築し、維持することの重要性である。

きょうだい間の性的虐待が生じた家庭において、専門家によるネットワークを構築する目的はいくつかある。まずは、家庭内で生じた問題に対処し、必要とされるさまざまな支援や治療がどのようなものかを判断することとなる。次は、良好な基盤のもとで継続的な評価や判断を行っていくことである。

こうして構築されたネットワークのもとで若年加害者の個別治療がどのように行われるのかについて、ある兄弟の事例を挙げたい。この兄弟は、長期にわたって二人の妹に対する虐待を繰り返していた。虐待の悪化が懸念され、常習的な犯行に及ぶ危険が差し迫っていたため、二人は異

図11－1　ネットワーク会議の構図例

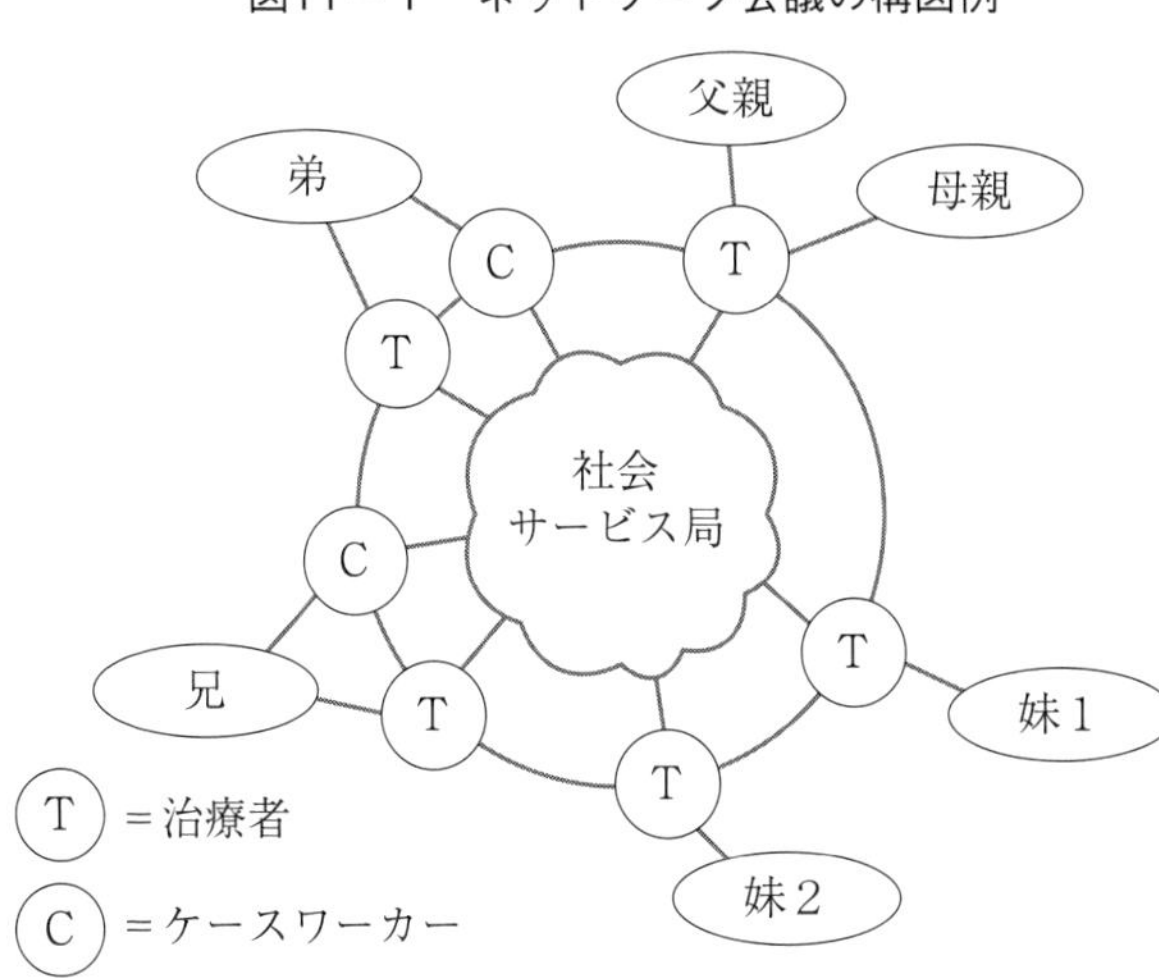

なる施設に預けられ、ボーイズ・クリニックで治療を受けることになった。

二人の妹については、児童精神療養センター(1)を通じて治療が提供されることになった。両親は家庭内で起こったことを理解し、問題に対してどのように対処していくべきかについての支援を得るため、治療者との面談を受けることになった。さらに、二人の娘の親として、また二人の息子の親として、ともに自らの役割を果たせるように支援を受ける必要もあった。今回の

(1)(Barn-och ungdomspsykiatri) さまざな原因によって精神疾患を抱える一八歳未満の子どもを対象として治療を行う機関であり、カウンセラー、ソーシャルワーカー、医師などが共同で治療に当たっている。性的虐待や家庭内暴力などの問題を扱う専門部署も設けられている。

件が明らかになったあと、母親のほうは息子に会うのが耐えられない様子であった。

この事例において社会サービス局が構築した専門家のネットワークは、次のようなメンバーによって構成されていた。まず、兄弟が預けられていた各施設のケースワーカー、両親の治療者、姉妹のそれぞれの治療者、ボーイズ・クリニックで兄弟を担当していた二名の治療者という七名と、社会サービス局のネットワーク指導者の二名がそこに加わっている。

このネットワークは、お互いの治療の進捗状況を継続的に確認する場としてだけではなく、少年と家族の面会に関する判断を社会サービス局が行う場としても活用された。一時帰宅はどの時期にすべきか？　どのような形態にすべきか？　兄弟が妹と面会するのはいつにすべきか？　妹は兄との再会についてどのように感じているのか？　兄弟同士が連絡を取り合うことをどこまで認めるべきか？　治療はどの時点で完了したと判断しうるのか？　家族は再びうまくやっていけるのだろうか？　再発の危険性はどの程度あるのか？　これらの議論に参加してもらうため、両親を招いて会議を開くこともあった。

こうしたネットワークにおけるもう一つの重要な機能として、この種の事例で生じるさまざまな対立への対処という側面が挙げられる。

若年加害者側の治療者は、自らの患者の要求に対して共感し、クリスマスの一時帰宅や休日における家族との外出などの点について、患者のいわば「代理人」のようになる傾向が見られる。

治療者が元の生活に戻りたいと願う患者の気持ちに同情し、さらには共感するようになると、「少年が戻ると、女の子のクリスマスが台無しになってしまう」とか「その子は、今でも少年と再会することを考えると怯えている」などという被害者側の治療者による反対意見を十分に理解したり、尊重したりすることが困難になる。

仮に、こうしたことが生じたにもかかわらずそのままにしてしまうと治療者間の個人的な対立に発展し、専門的な体制が危機に陥るという可能性が生じることになる。要するに、家族の対立が専門家集団の間にもち込まれてしまうということである。

ネットワークを指揮する人間の重要な役割は、このような「代理人の対立」を仲裁して対処することである。こうした対立は、専門的な評価にかかわるものというより、患者同士が異なる願望をもっていることによって生じるものといえる。

やめさせること、保護すること

一見明らかに思えることでも言及しておく意義がある。性的虐待が明るみになったとき、大人が最初にやるべきことは、当然ながらさらなる虐待の発生を招かないように被害者と加害者を保護することである。保護という観点は、若年加害者側の場合にもあてはまる。加害者は、自ら制御することが困難となっているあらゆる衝動から身を守り、自分自身から保護される必要がある。

被害者と加害者を物理的に引き離す必要も生じる。とりわけ、同じ家に住んでいたり、同じ家族であったり、すぐ近所に住んでいたりする場合がこれに当てはまる。一人の若年加害者が被害者から遠くに保護されることはあっても、保護されるべき子どもがほかにもいるという可能性については十分に考慮されていない。被害者もまた、セーフティーネット機能を必要としている。一度被害者になった子どもが再び被害に遭う危険が高まることがあるからだ。

虐待に関する調査や治療計画の策定の前段階において、若年加害者を継続的に観察し、幼い子どもと二人きりにさせないようにする仕組みが必要となる。なぜなら、加害者が新たな犯罪を行わないということが確信できる前に治療計画を策定しても意味がないからである。

だが、被害者を保護し、加害者による再犯罪を防ぐ試みは、時によってはやりすぎることもある。たとえば、きょうだい間の性的な行動が深刻な虐待として誤解されることがあるが、実際は両者が被害者である場合などである。こうした状況下にある子どもは互いの関係を断ち切るための助けを必要とするが、必ずしも警察に届けたり、自宅から子どもを引き離したりする必要はない。同じことが幼少期の子どもにも当てはまる。私たちの経験から、多くの場合、多職種の専門家による協議が短絡的で軽はずみな対応を防ぐために有効になる。

第12章 強迫性周期的プロセスについての考え方

本章では、反復強迫によって特徴づけられるような性犯罪を繰り返す若年加害者について扱う。興味本位によって引き起こされた単発的な虐待行動に関しては、この概念的な枠組みに当てはまらないことがある。

若年者による性的虐待の強迫的側面への関心が研究者の間で高まる以前は、こうした行動は抑えきれない衝動によるものであるという見方が一般的であった（Erooga & Masson, 1999）。だが最近、若年者による実際の体験を踏まえた新しい説明モデルが次第に構築されつつある。そのモデルは周期的プロセスと見られるものに着目し、困難な経験に対処するうえでの機能障害として、その行動を捉えるようになった。性的虐待は、むしろ権力や支配に対する歪んだ認知によってもたらされる性的な症状として理解されるようになったのである。

現在、開発が進んでいる治療モデルの多くは、若年性加害者の複雑な問題に対して、このように捉えるアプローチを踏まえていると考えられる。

このような考え方は「性的虐待サイクル」（Lane, 1997）として図式化されている。この図式は、個人の欲求不満、性的興奮、空想、前兆行動、虐待に関する特有のパターンがどのように形成されるかを表したものであり、検討や修正の余地があるものとして提示されている。したがって、モデル自体は科学的に評価されたり検証されたりしたものではなく、一つの認識手段として捉えるべきものであり、今後の研究で新たな結果が得られた場合にはより精度が高められていくと考えられる。

このモデルでは一連の出来事が説明されており、さまざまな「状態」が連続して配列されたり切り離されたりしているが、これらは因果関係の描写を意図しているわけではない。簡素な図であることから、実際の治療における教育手段としても有益である。

これまで、若年性加害者の治療や理解を目的としたモデル構築においては、成年の加害者と類似した試みがなされてきた。その一例として、「加害の連鎖」（Ward et al., 1995）が挙げられる。しかし、若年加害者は精神・性的発達段階のただ中にいる。加害者としての明確な主体性が備わっているわけでもなく、成人加害者と同じような強迫性や類型に根差しているわけでもない。私たちは、こうした側面についての議論をする場合、**図12-1**に明示した「性的虐待サイクル」のほうが適していると考えている。

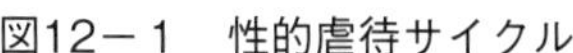

図12－1　性的虐待サイクル

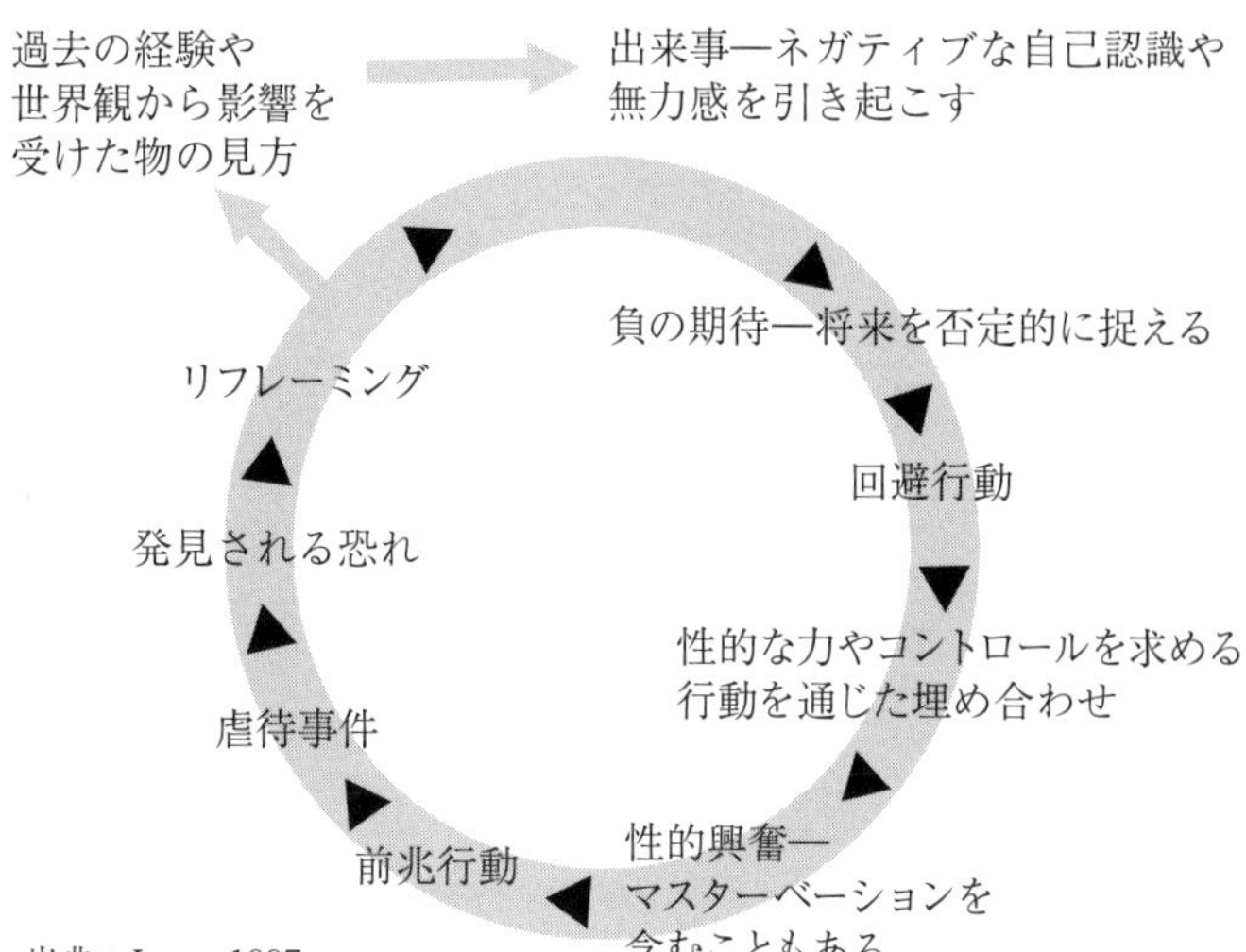

出典：Lane, 1997

この図で明らかなように、ある状況や出来事において若年者がストレスや欲求不満を抱く経験をした場合、無力感を伴う反応を示すことがある。それは、当人の人生経験、今後の展望、あるいは考え方が原因となって引き起こされたものである。これが、自らに対する否定的な自己イメージや悲観的な展望へとつながっていく。

無力感を抱くと、自らが抱えている問題や感情、あるいは懸念される結果から目をそむけたいという願望が付随して起こることになる。これらを回避しようとしても長期的には失敗してしまうのが一般的で、そのことがますます無力感に陥ったり、過剰に自己防衛しようとしたりする原因を招くことになる。

性にかかわりのないやり方で他人を支配して、自らの力を取り戻すことで、自身の脆弱感を軽減したいという願望を抱きはじめるのはこうした状況下においてである。ただし、その効果は一時的であり、今度はもっと満足感の得られる形で力を行使し、支配したいという思いをめぐらせるようになる。その一例が性的虐待である。そうした願望からの性的虐待は、やがて現実のものとなってしまう。

権力や支配にかかわる願望は、性的なものとして現れる場合もあれば、むしろ加虐的だったり暴力的だったりする場合がある。あるいは、その両方の場合もある。なぜ、人によって異なった表現になるのかについては明らかになっておらず、今の段階では推測の域を出ない。ある程度の因果関係が認められる場合もあれば、理解や説明が不可能な場面に遭遇することもある。

私たちが発見の旅を続けているのはまさにそのためであるが、必ずしも最終的な答えが見つかるとはかぎらないことも肝に銘じておく必要がある。なぜなら、個々のケースには多様な原因があり、加害者自身が性的虐待や嫌がらせの被害者であった経験、性的な場面に遭遇した経験、本人の発達障害など、どれもが重要なものであるからだ。それゆえ私たちは、「第9章　低年齢の子どもの性的行動について」において、特定の高いリスク環境下に置かれている子どもがどのように異常な性的行動に及ぶのかについて、ジョンソンが著した小冊子（九四ページ参照）から引用を行っている。

「性的虐待サイクル」の図に戻ろう。「リフレーミング」の段階においては、虐待行為がもたらす結果に対処することが必要になる。その結果とは、虐待が発見され、恥じ、あるいは「性加害者になる」ことかもしれない。認知を歪めたり間違った考え方をすることによって、虐待の深刻さを最小化したり、否定したり、被害者を非難する行為が見られるようになる。

若年者にとって、真実を歪めることは自分自身が起こした行動に対処するための手段になるわけだが、それによって自らの抱える問題が解消するわけではない。一時的には不安や羞恥心が軽減され、解決したように思えても、最終的には、その解決法はむしろさらなる問題を引き起こすことにもなる。

図12－1の制作者であるレーンは、すべての個人が「ある状態から次の状態」へと規則的にこのサイクルを進んでいくわけではないということを注意深く指摘している。中断されたり、順序が飛んだりすることがよく見られるし、性的虐待が生じないこともある、と彼女は述べている。また、サイクルを速く進めば進むほどサイクル間の境界が低くなり、不安を軽減しようとする行為が習慣化するために危険性が増すことになる。彼女はさらに、各段階を進む速さは、加害者が自らの問題を解決しようとするために不適応行動パターンが用いられてきた時間の長さを示すことがある、とも述べている。

治療の場においてこのモデルは、若年者自身に自らの行動パターンを発見させたり、自身の考えや感情に気づかせるために活用することができる。また、少年が自らのストレスや失望に対処するための手段を探ることで、再犯リスクを減らすことに役立つ場合もありえる。これらのパターン、選択、傾向を発見し、理解していくなかで、私たちは治療においてより緊急性の高い分野を突き止めるに至っている。

第13章　治療分野

治療と心理療法は、常に個々の状況と必要性に応じて組み立てなければならない。そのためボーイズ・クリニックでは、若年性加害者を対象とした標準モデルや固定的な治療プログラムを設けていない。ここで述べる治療モデルは、前章の**図12－1**で示された周期的プロセスとして性的虐待が解釈できるという仮説に基づいている。周期的プロセスは性加害者に特徴的なものであるが、そのうちいくつかのテーマについては、治療段階で焦点をあてて検討する余地がある。これから示すのは、ルード・ブレンス[1]（Ruud Bullens）博士がオランダのライデン（Leiden）にある子ども福祉施設で開発した治療モデルをスウェーデンにおいて適用したものである。

（1）臨床心理士のルード・ブレンス博士が一九八六年に設立した「通院型子ども福祉事務所（Ambulant Bureau Jeugdwelzijnszorg：ABJ）」のことを指す。ＡＢＪは現存していないが、ブレンス博士は二〇〇七年に自らが設立した診察専門センター（Diagnostisch Expertise Centrum）で勤務しているとされる。

以下では、治療モデルを八つの項目に分けて説明していくが、最初の項目にある「動機」の部分が治療プロセスの最初に来るべきであるとか、最後の「再発の防止」によって治療プロセスが完了するといったことを意味しているわけではない。それどころか、分野やテーマは重複するものであり、治療プロセスを展開していくなかにおいて、場合によってはスキップしたり、組み合わせたり、戻ったりすることもある。私たちはこのモデルを、若年加害者の治療に用いるための概念的なツールとして捉えている。

①動機

治療の対象となる本人が自らのことを理解しようとしなかったり、自分がやったことに対する責任を認めようとしなかったりすることがよくある。とりわけ、自分は誤ったことをしてはいないと完全否定する場合にこうした傾向が顕著となる。少なくとも、患者自身が自らの犯したことを事実であると認めていることが治療の前提となる。

その段階において、多くの場合、本人は同じことがもう二度と起こらないのだと「確信」している。したがって、ここでは、もう二度と同じ罪は犯したくないという本人の願望を基盤としながら、時間をかけて協同的な関係を築いていく必要があるといえる。治療をはじめることで、今より少し人生がよい方向に向かうのだということを説明すれば、本人も治療に対して関心を示すことがある。この段階で少年が向き合うべき問いの例は次のとおりである。

・君にとって、治療をはじめる理由は何だろうか？
・治療によって君の人生がよい方向に向かうとしたら、どういうことが考えられるか？
・治療をはじめることで、何か失わなければならないものはあるか？
・君の話と被害者の話の内容が違うのはどうしてだろうか？

これらの質問に対して、ステファンという加害者が答えたのは次のようなものであった。

・女の子とどうやって話したらいいのかを知りたい。
・言葉遣いをうまくしたい。
・集団のプレッシャーに負けないようになりたい。
・生意気な態度を変えたい。

②性的虐待が及ぼす影響

この段階で本人が答えを組み立てるのは比較的容易である。というのも、虐待が発見されたことによるいくつかの具体的な影響は、本人にとっても確認しやすいからである。たとえば、「引っ越しをしなくてはならなかった」、「施設に入れられた」、「なんで家にいるのか、友達に嘘をつかないといけなかった」、「誰とも話すことができなくて、家族もみんな自分のことを憎んでた」、「カウンセラーと面会しないといけなかった」などである。

だが、こうした影響とは別の、もっと社会心理的で難しい影響もありえる。「みんなが見下す」とか、別の場合には「申し訳なく恥ずかしい」、あるいは「誰も傷つけてなんかいない」なども挙げることができる。

当然ながら、ここでは性的虐待を犯したことがもたらす積極的な側面を議論する余地も出てくる。ある男の子が次のように述べていた。

「やめるための助けを得られた」

特段望んでいたわけでもない行為を断ち、「ほかの人と同じように」もっとよい人生を歩むための助けが得られたことを、彼は表現しようとしていたと考えられる。

前掲したステファン(2)が認識していた自らの虐待の影響は次のような内容であった。

「九万クローナ損したよ。何か違法な仕事を見つけないかぎり、最低となる生活水準以下の生活を送らないといけない。日々、時間を無駄にしてるんだ。同級生たちが、みんな俺を追い抜いていくのさ」

③虐待のパターン

若年者は、自らの性的虐待サイクルにおける自身の「状態」と向き合っていかなければならない。この段階において私たちは、若年加害者が被害者に対して行った性的行為がどのようなものだったのかについてかなり詳細に検証している。たとえば、「あの子が見てる間、俺は気持ちよくなっていた」とか「あの子の膣に俺の指を入れた」などである。

私たちは同時に、ストレス、失望、欲求不満を抱くきっかけになった出来事も確認している。たとえば、「俺は部屋を片づけたくなかった。みんな、あちこち走り回ったり叫んだりしていた」とか「俺の母さんは交通事故で死んでしまった」などである。

なかには、性的虐待行為に及ぶ前に、別の方法で権力や支配を行使しようとしたことについて話してくれる場合もある。たとえば、「俺の部屋を片づけないのかって、ハンマーを持ってあの子を脅した」などである。自身の行動を弁明したり、正当化する「リフレーミング」に関する対応は、治療の最終段階にならないと難しいというのが一般的である。

（2）約一一七万円。一クローナ＝一三円で換算。

若年加害者の性的虐待サイクルを踏まえた治療プロセスにおいては、立ち止まって詳細に検討し、議論を加えていくことが常に求められる。その一つの例が「グルーミング」である。(3)

この概念は「前兆行動」とかかわっており、ここでの文脈においては、加害者が被害者を「そそのかして」彼の側に引き寄せたり、同調させたりすることを意味する。加害者が物理的な力を使わない虐待の多くにおいては、この「グルーミング」が非常に重要な意味を有する。そのやり方は加害者によってさまざまであり、自覚的であったり計画的であったりする場合もあれば、無意識的であったり直観的であったりする場合もある。期間の長さについても、短期間である場合もあれば長期間にわたる場合もある。

また、幼い子どもの場合は、さまざまな遊びをいっしょにすることで影響が及ぼされる。子どもは、加害者がいっしょに遊ぶ行為の境界線を少しずつ越えようとすることに気づきにくいのだ。あるいは、口止めや脅迫を巧みに使いながら子どもに対する依存関係を構築することもある。その行為は、あからさまな場合もあれば隠蔽されている場合もある。さらに、子どもとの友人関係や信頼関係を構築したり、あるいは逆に恐怖心をもたらしたり脅したりするなどといった巧妙な手段で子どもを騙そうとすることもある。

こうした戦略の一つとして、現実を非現実的なものとしてつくりかえるという作業を伴うことがある。それは、加害者自身にも被害者にも向けられるものでもある。ある事例においては、虐待行為に対して異なる名前が付けられていた。たとえば、マスターベーションは「牛乳を搾る」、肛門への挿入は「コーヒーを入れる」と呼ばれていた。

④本人のライフヒストリー——被害者としての自己

治療プロセスを続けるなかで少年たちは、自らにとって重要な経験がどのようなものだったのかについてじっくりと考える機会を得る。それには、幼少期の記憶やトラウマになった出来事、離別、裏切り、虐待といったようなものだけでなく、スキンシップや親密な信頼関係の構築といったポジティブな経験や記憶も含まれている。

加えて若年加害者には、被害者としての自己について理解する機会を与える必要がある。それによって、自らが犯した虐待についても受け入れることが可能となる。時には、被害者となるこ

(3)　(grooming) 元々、動物が体の衛生や機能維持などを目的として行う行動を指して用いられてきた単語である。イギリスの「全国児童虐待防止協会（National Society for Prevention of Cruelty to Children)」によると、子ども虐待の文脈においてこの単語が用いられる場合、性的虐待や性的搾取などの目的のために、子どもとの感情面での結び付きを通して信頼を得る行為のことを指している。左記のアドレス参照。二〇一七年三月二一日最終確認。https://www.nspcc.org.uk/preventing-abuse/child-abuse-and-neglect/grooming/

とに対して、「男らしく」ないという自尊感情から異なった解釈をしてしまうことがあるが、そういった場合には、被害者としての経験を組み立て直すための支援を施す必要が出てくる。自分が強姦されたと認めることが屈辱的であると感じて、話を転換させてしまうのである。たとえば、前掲したステファンは次のように述べていた。

「俺は一〇歳のときにベビーシッターを口説いたんだ」

⑤被害者に対する感情

暴力犯罪に及んだ加害者に対する治療においてこれまで強調されてきたのは、加害者本人が被害者の状況を理解できるように共感力を育むことであった。だが、それがどのように行われてきたのか、あるいはどのような状態になれば治療が成功したといえるのかについてはあまり明確ではない。共感性とはいかなる状態を意味しており、それを獲得するためにはどのような訓練が必要なのだろうか？　時に、共感性を育むための訓練は、ある種の筋肉のように、トレーニングして鍛え上げるべきものとして表現されることがある。

共感性について私たちは、それぞれの必要性に応じて活性化したり不活性化したりするような内部における動的なプロセスであると捉えている。つまり、共感性が欠如している状態とは、ある特定の状況下における他者の苦しみを否定し、加害者が耐え抜くための原始的な防御として解釈しているのである。

いくつかの研究において、暴力を振るった加害者が、特定の状況下にある人びとに対してはほかの人よりも共感的になる場合があるということが明らかになっている。たとえば、交通事故の被害者、障害をもった子ども、慢性疾患者などである。だが、その一方で、自らが犯した罪による被害者が受けた苦しみについては徹底的に冷淡で、心を動かされることはないとされている(Fernandez et al., 1999)。

精神力動的な視点から見ると、他者を傷つける行為は明確な心理的欲求表現であるといえる。暴力行為によって、自らが抱えている葛藤に対処しようとしているのである。他者が苦しむ姿を見ることで、加害者自身の苦悩を軽減させる手段になっているのかもしれない。このような状況下で重視すべきことは、被害者に対する共感性の欠如ではなく、むしろ他者を傷つけることによって加害者自身の苦悩を軽減させようとする傾向そのものとなる。

このようにして、いわゆる共感力が機能しない状態に置かれることとは、心の中にある「善」と「悪」の絶え間ない闘いに敗北することを意味する。私たちは、共感力を育むためには、まず自分自身の脆弱性や苦しみに対して共感し、理解する能力を育むことが重要であると考えている。このことは、理解や共感の「連鎖」として表現することができる。治療の過程で、患者が治療者の共感性を活用しながら自らの状態を理解することで他者の感情を察することができ、共感が得られるようになる。

共感力を育むために私たちが実際に行っている試みにおいては、若年加害者が被害者の反応、感情、体験に対してどのように思っているのかについて知るために次のような質問をしている。

・エマは何を考えていたと思う?
・君がエマを襲ったとき、彼女はどんな反応をしたのかな?
・今、エマはどうしていると思う?
・エマが感じたことは何だったのかな?
・エマにとって、長期的な影響はどういうものだろうか?
・エマは君と再会することに対してどう思うかな?
・エマが君に言いたいことや聞きたいこととって、どういうことだろうか?
・自分がエマのように感じたことはある?

被害者側の準備が整い、被害者本人が希望する場合、被害者と加害者の対面を行うこともある。その場合には、被害者の条件に完全に従うことが必須となる。被害者が再び被害者になってしまうような環境をつくることは絶対に避けなければならないし、被害者自身が状況を自由にコントロールできる状態にしておく必要がある。

被害者からの質問に対する回答以外に若年加害者が発言する機会を認めるべきかどうかについては一概にいえない。場合によっては、あらかじめ被害者からの質問を渡しておくこともよいだろう。兄から虐待されたある女の子の場合、兄にどうしても聞いておきたいことがあった。それは、虐待のことを話した自分に対して「怒っているかどうか」という内容であった。

ここでの一つの方法として、加害者に被害者への警察の取り調べの様子を読んだり見たりする機会を与える、被害者の治療者や被害者の話をよく知っている人と会ってもらう、などが挙げられる。

私たちがよく行うのは、郵送されることのない二種類の手紙を加害者に書いてもらうことである。一つは、被害者から加害者である自分に対して宛てたもの。もう一つは、その手紙に対する自らの回答を書いた手紙である。これによって、加害者が被害者の感情、思い、経験などを表現しながら、自らの心の中で対話をする機会が与えられることになる。第15章で紹介するマルティンという少年は、長きにわたって自分が虐待してきた妹が警察の取り調べを受けている様子を見て、次のように言っている。

「やった奴を殴り倒したいと思ったけど、それは僕でした」

⑥自尊感情と自己イメージ

若年加害者の自己イメージは非常にネガティブなもので、表現しにくいことが多いと考えられている。このことを検討するために、私たちは友人関係についての質問を行っている。友人とはどのような関係で、彼自身はどのような存在で、よき友人でいるのかどうか、彼自身が率先して行動することが多いのか、周りの友人は彼をよい友人と思っているのか、などである。

最初のころは理想的な答えをするが、そこには本人が「そうありたい」という願望が表現されている。願望と現実との間の差異から議論のための場が生まれてくる。これらの質問を使った治療は、何らかの出来事や状況、体験などがストレスや失望、欲求不満、無力感を引き起こし、それが期待の否定や自尊感情の欠如となって現れるという「性的虐待サイクル」の仮説と結び付いている。若年者自身がこうした関係性に着目することで性的虐待の力動性を理解できるようにすることは、差し迫った課題であると私たちは考えている。以下に挙げるステファンの自己イメージは、力動作用が自ら耐え抜き生きるための助けとなっている様を表しているといえる。

「俺なんて、撃たれて死んでしまえばいいんだ。俺は犯罪者で、ペドファイルで、醜くて、にきび面なんだ」

⑦セクシュアリティと性教育

若年性加害者の多くは、性に関する知識をほとんどもち合わせていない。要するに、性について語るための適切な表現を知らないのである。性教育の番組を見たり、本を読んだり、あるいは性に関する基本的な質問に答えることは、若年性加害者を対象とした治療の一部となる。これまで私たちは、偏った認識、否定、ネガティブな自己イメージなどについて論じてきた。こうしたことは、自身の身体やセクシュアリティ、あるいはマスターベーションやポルノグラフィーに関する考え方とかなりのレベルでかかわり合っている。

この段階において、いくつかの「問い」について検討しておくのもよいだろう。どこで性について学んだのか、性に関する最初の記憶は何か。それによって、セクシュアリティに関する「平常」、「自然」、「普通」をめぐる認識がどのように偏っているのかについて探るのだ。

マスターベーション中にどういう空想をしているかについて少年に尋ねる場合、治療者が消極的になることがあるかもしれない。少年に恥ずかしい思いをさせるし、詮索するような行為はプライバシーの侵害であると考えるためである。だが、私たちが明らかにしたところでは、少年がマスターベーションの最中に抱く空想の内容に虐待の要素が含まれている場合は、依存や再発という点においてすでに「境界線」を越えてしまっているケースが多い。また、ケースによっては、虐待が性的な空想を刺激するのではなく、何か別の表現である場合も考えられる。通常、その誘因はより攻撃的なものとなる。

若年加害者がポルノ映画や雑誌、インターネットのチャットルームをどのように利用し、そこからどのような性的刺激を得ているのかについて明らかにすることもまた治療の一部をなす。治療を成功させるための前提は「開放性」と「信頼性」にある。自らの恥ずかしい思いを少年が話すことなく、何も考えていないということが容認されてしまう状態は危険である。時には、マスターベーションすることを否定したり、性的な空想を抱くことはない、と主張することさえある。

ステファンに対して、「性や性行為のことで何か知りたいことはあるか?」と治療者が聞いたときの彼の回答が、こうした場合に該当するだろう。

「あんまり知らないけど、聞いたことは何度もあるよ」

⑧再発の防止

ここでは、治療をまとめる段階となる。少年は自分自身について、あるいは自分が犯した虐待について、さらには自らの行動の傾向や感情、そして考え方などについて、何を発見したのかについて語るための機会が与えられなければならない。その目的は、少年が自らのリスク状況を理解し、どのように行動や反応するのか、どのような選択をするのか、誰に助けを求めればよいのか、何を避けるべきなのかを振り返り、現実的な将来の計画を立てることにある。

この段階では、治療者、あるいは治療がグループで行われていた場合は仲間のグループメンバー以外も話し合いに参加してもらうことが望ましいときもある。治療が自分に何をもたらしたのか、将来どのような支援が必要なのかについて、両親や里親、あるいは施設の職員と議論することには意味がある。また、自らの状態について話せる人物と定期的な連絡を取り合うといった必要もある。ステファンが同じことを繰り返さないと確信することはできないが、次の言葉のように、ステファン自身もそれは同じである。

「自分のことを二度と信用できないかもしれない」

第14章　止めどない否認の嵐とそびえ立つ防御の塔

若年性加害者の治療にあたって本人が否認する態度を示す場合、どのように対処すべきなのだろうか。この重要な課題について、ここでは詳しく述べていきたい。本章のタイトルは、患者の否認に見られる二つの側面やその治療にかかわる二重の無力感を表したものである。

若年者が自ら何をしたのかについて感情的にも知的にも理解できなかったり、理解しようとしないことは、治療者側からすれば否認の「嵐」となる。その否認の有様は非常に強力であり、時には攻撃的ですらある。事実の再構成をすることが耐え難い状況を生み出す場合もあるだけに、治療者は自己のなかでそうした「嵐」に対応するための「傘」のようなものを用意しておく必要がある。

何が事実であるのかについて、自らのなかで確認しながら患者と向き合うのである。他方で、金城鉄壁の否認を受けた経験を前向きに克服することも、治療者がなすべき仕事といえるだろう。

否認や防御の「塔」を突破するべく、むなしいと思えるような努力を重ねていくことになる。

性的虐待というのは、ストレス、失望、フラストレーションに対処するための機能障害性表現であると私たちは考えている。若年者が自ら行ったことに対して、適切かつ機能的な反応をしているとは考えにくい。自らの行動を主観的かつ客観的な目で正当化し、耐えられるだけの自己像を保持しようとする。このような否認のなかで最初に思いつくのは、当然ながら意識的かつ意図的な「偽り」である。起こった出来事について若年加害者が意識的かつ意図的な嘘をつくにはいくつかの理由がある。そうすることによって自らの面子を保ち、場合によっては、法的な影響をもたらすこともあるからだ。

だが、否認のなかには、意図的な目的がありながらも、あからさまな嘘をつく場合とは異なる意識が働いていることもある。そこでは、自己防衛、パーソナリティ、生存戦略とのかかわりが顕著に見られる。若年者は、無意識的かつ危険な方法でこれらを用いるわけであるが、治療においてこれらを明らかにして、若年加害者自身と向き合わせていくという作業を伴うケースが出てくる。

以下では、若年加害者による否認や防御のいくつかの例を示しながら、それらの事例をいかに理解し、治療においてどのように対処すべきなのかについて論じていきたい。ただし、否認の事例を区分することで生じるリスクがあることも述べておかねばならない。防御のカテゴリーについては、個人によって異なる現れ方をしたり重なり合ったりする場合もある。それが意味するものが異なるため、分離することは困難である。

私たちが開発を進めようとしている心的装置はつ<ruby>か</ruby>み<ruby>ど</ruby>こ<ruby>ろ</ruby>のないものである。理解できたと思った瞬間に形を変え、取り逃してしまうことになるのだ。

失感情症

「失感情症（alexithymia）」とは、自らの感情を認識して表現する力が欠如していることを指す（Lesser & Lesser 1983）。当然ながら、それにはいくつかの理由がある。知的障害によるものもあれば、感情を表現するための言語が欠如している場合もある。ネグレクト、別離、言語的に収奪された幼少期の環境などがこうした欠如の原因であるわけだが、場合によっては深刻なトラウマ、神経系の損傷、障害の初期症状であったりすることもある。

失感情症の例としては、性的虐待がなぜ起こったのかという質問に対して、「別に理由なんてないよ」、「ちょっとしたはずみでね」などと回答するようなケースが挙げられる。つまり、加害者が起こった出来事に対して向き合おうとしないだけでなく、向き合うことができない状態にあるかもしれないと私たちは推論している。

本人が考えたり感じたりすることを明確にできない場合、私たちはいくつかの極めて具体的な点に限定して取り組んでいかなければならない。何が起こったのか。やっていいこととそうでないことの違いは何であり、許容されることと禁じられることの違いは何なのか。そして、感情にかかわる領域に入っていく場合は非常に初歩的なアプローチを取る。たとえば、感情とはどのようなものか、どんな感情があるのか、他人はどのように感じるのか、異なる感情が生じるのはどのような状況においてであり、また異なる感情は身体や顔のなかでどのように表現されるのか、などである。

こうしたアプローチを取ることによって、若年者がどのような表現力を有しているのかを理解し、治療を通じて、どの程度の効果が期待できるのかについて検討をしていく。そこでは、感情、人、状況を理解することに力点が置かれている。

解離

「解離（dissociation）」とは、ある種の意識変容状態のことを指している。究極の精神的・身体的苦痛など精神的外傷を与えるような経験に耐えるために「解放」できる状態を意味している（Christianson 1994）。このような状態は、しばしば性的虐待の被害者に見られるものである。「自分の身体から抜け出した」、「外から自分が見えた」、「自分が真っ二つに割れてしまった」、「身体の感覚がなくなった」、「バラバラのものが組み合わさって自分の身体をつくっていた」などである。また、精神的な離脱も解離状態の例であるといえる。「違う世界にいた。何も聞こえず、何も見えなかった」、「自分ではないみたいだった」などである。

解離はしばしば反射的な生存手段として生じるが、必ずしも恐怖を感じるような状況だけでなく、対応が困難であるような状況においても活性化する場合がある。

私たちはこれまでにも、ある種の反復性外傷にさらされてきた子どもや青年が、ありとあらゆる感覚入力や感情を「遮断」することによって現実から逃れようとしている状態を見てきた。その逃避対象は、退屈な数学の授業であったり、母親の小言である場合もあれば、性的虐待を犯すという場合もあった。

「まるで、遠隔操作されているみたいだったよ。見えざる手によって操作されていたんだ」

未成年の従兄弟に対して何度か性的虐待を犯した少年がこのように述べていた。

「自分の行動をコントロールできなかったんだ。誰かが俺の手を操作してるみたいだった」

この言葉は、「遮断」が自らの主体性をなくし、無責任な状態にさせることを示す一つの事例となる。

こうしたことを踏まえ、仮に若年加害者の否認が解離と関係していると思われるような場合には、本人が過去におけるトラウマを抱えており、それをいまだに治療する機会をもてていない兆候と判断することもある。

最小化

最小化とは、すなわち、虐待が起こったことを自分の目からも他者の目からも可能なかぎり些細なこととして扱おうとする行為である。最小化には、いくつかの異なった方法がある。ここで重要になるのは、「だけ」という単語である。「一度だけだよ」、「その子の服の上から触っただけ」、「片手でちょっと突っ込んだだけ」といった場合である。

最小化に対する治療のアプローチとして、「解釈」と「問いかけ」がある。以下において、ある治療の事例を挙げてみたい。

「一度だけの出来事で、片手でちょっと突っ込んだだけだと言ったね。そういうふうに表現することで、君は自分のやったことがそれほど悪いことじゃないんだと私に思ってほしいと理解したよ。君自身も、同じように思いたいんだろう。君と同じことをした人の多くが、同じように感じているんだ。だけど私たちは、それが起こったのが一度だけじゃないことを知っている。片手で突っ込む以上のことを彼女にしたことも知っている。リンダは、今でも君を怖がっているんだよ。

こうあって欲しいと思うからといって、本当にあったことをつくり直すことはできないんだよ。本当に起こったことは何だったのか、話してほしいんだ。君がしたことを踏まえて、これから先を生きていくためにどんな助けが私にできるのか、いっしょに話し合おう」

再解釈

他者の思いや状況を読み取り、解釈することができるかどうかは人によって大きく異なる。この点は、とりわけ心理社会的に発達段階にある子どもや若年者に当てはまる。こうした力を蓄えるためには、常に訓練を行い、確認していくことが重要となる。

当然、性的虐待を犯した若年者が虐待発生時の状況判断を完全に間違うということが起こりえる。同様に、相手が示す合図や仕草、顔の表情や声のトーンを誤解してしまうこともある。それらには、嫌がったり、怖がっていたり、強要されたと感じていたり、悲しそうであったり、痛そうであったりと、さまざまなメッセージが含まれている。これらは明らかに誤解にかかわる問題であり、再解釈とは異なるものである。

ここでの再解釈とは（レーンが「性的虐待サイクル」のなかで「リフレーミング」と呼んでいるもの。一四一ページ参照）、若年加害者が自らの行いに対する責任を免れようと一連の流れや状況をひねって解釈し、罪や恥の意識を軽減しようとするための心理プロセスのことである。非行集団による強姦を扱った第8章のなかに登場したネダッドは、次のように発言していた。

「一緒にポルノ映画を見てたんだよ。そしたら、向こうのほうがやりたそうになったから、やったのさ」

ここで彼は、自らの行為を正当化するために、強姦に至った状況を再解釈していることが分かる。

ある一六歳の少年は、同じ年齢の友達とともに一三歳の女の子を強姦した。この少年は次のように述べている。

「強姦なんかじゃない。そうじゃなければ、何であそこが濡れてんだよ。やりたかったたって証拠だろ」

以下に示すのは、明らかな性的虐待の状況を再解釈した際に交わされた会話である。（Tは治療者、Bは少年）

T　膣が湿っていたからといって、彼女は君たちとセックスをしたかったわけじゃないよ。

B　どうして分かるんだよ。

T　湿っていたということと、相手とセックスをしたいという気持ちはつながらないんだよ。しかも、彼女は君たちのことをほとんど知らなかった。彼女がやりたかったと考えることは、君にとっては大事なことなんだろう。なぜなら、君は「レイプをした」と認めたくないからだ。誤った有罪判決や不当な扱いを受けた、と思いたいんだね。自分たちがやったことが、一般的に「レイプ」と呼ばれる行為であることを認めていないみたいだね。そもそも、君がその行為に走ったとき、それがレイプであるという事実に気づいていなかったのだと思う。今、あのときのことを思い出して、湿っていたこと以外に相手がセックスをしたがっていたサインが何かあった？

B　逃げなかった。

T　彼女は何か言ったの？

B　直接的には何も……だけど、抵抗しなかった。

T　君は、起こった出来事に対して間違った記憶をつくろうとしているように思える。それは、自分のためでもあり、周りの人のためでもある。なぜなら、自分がレイプをしたということを考えることが耐えられないからだ。彼女は抵抗しなかった。濡れていたし、逃げなかった。君にとって、これらは相手が「やりたがっていた」というサインなんだね。では、やりたくないというサインが何かあった？

B　バスに乗り遅れるから嫌だと言ったかもしれないけど、よく聞こえなかった。少なくとも、それが嫌がっている意味だとは思わなかった。

T　自分が何をしたかを思い出すとき、レイプのように思える部分は取り除いて、都合のよいところだけを話しているんじゃない？

B　そういうふうに考えるのは自然なことじゃないか。

T　そうだね。もし、君が誰かを傷つけたと認めることが耐えられないのであれば、そういうふうに考えるのは自然なことだね。私にできることは、君が今回の出来事に対してできるだけ責任を免れて、非難されないようにしていることに君自身が気づくように手助けすることだよ。相手が「嫌だ」と言おうとしていたことを理解できなかったというのは大きな問題だよ。二度と同じようなことが起きないようにするために私たちが取り組まなければならないことは、何が起こったのかについてじっくり検証して、相手が何を言ったのか、言わなかったのか、何をしたのか、しなかったのか、について違う角度から解釈して理解することではないかな。

責任転嫁

状況の再解釈と他人への責任転嫁との違いは、わずかなものであるように思われるかもしれない。だが私たちは、この二つを区別することが必要であると考えている。なぜなら、治療においいては、若年加害者が被害者に対してどの程度意図的かつ意識的に責任を押し付けようとしているのかといった点を把握しながら、より中立的な「再解釈」と、より批判的な「責任転嫁」に対してアプローチできるようにしておく必要があるからだ。

これらは、非常に回りくどい言い方で表現されることもある。たとえば、「俺たちは特別の関係だったんだ」とか「やったらどうなるか、互いに知りたかったんだよ」などである。一方、より具体的な言い回しの場合もある。たとえば、「向こうが先に来たんだ」、「向こうが先にはじめたんだ」、「すごくセクシーな格好をしてて、興奮させられたんだよ。だから、我慢できなかった」などである。

このような説明は間違っていないのかもしれない。しかし、被害者が素直に応じていたということをもって、若年加害者の行為に責任がなかったとするわけにはいかない。非常に稀なケースではあるが、「向こうから要求してきた」あるいは「向こうから求めてきた」などと説明する場合があるのだ。

責任転嫁の対象になるのは被害者だけではない。それ以外の言い訳として次のようなものもある。「俺も同じようにさせられた」あるいは「これまで俺は、いじめられたり虐待されたりしてきた。嫌な人生を歩んできたんだ」などである。こうした説明は、加害者が置かれてきた環境を理解するためのものであり、罪に対する言い訳とは異なるものである。

場合によっては、外的環境に責任を転嫁することもある。たとえば、「俺の腕時計が壊れててバスに乗り遅れた。そうじゃなければ、ああいう展開にはならなかった」、あるいは「親父が買い物に行って、なかなか帰ってこなかった。だから、いちゃつきはじめた」などである。さらには、次のように見知らぬところに責任転嫁する場合もある。

「急にそういう考えが俺のなかに入ってきた」

ほかの人間やモノに対して責任転嫁するという傾向がうかがえる場合、本人の性格に深く根ざしていることが考えられる。それは、ある程度固定化され、攻撃的かつ頑なものでもある。治療者と患者にとって重要なことは、こうした傾向がどのようなことを意味するのかについて理解することである。同時に治療者は、被害者の話と加害者の話を比較することによって、加害者が語る内容がどの程度事実から遠ざかっているのかについて把握し、解明されない事実があり得ることを認識しようと努めなければならない。

ここでの戦略としては、虐待に至るまでの状況を別の方法で説明してみるとどのようになるのかを提案し、問いかけていくという方法が挙げられる。ただし、若年加害者自身が自らの責任を伴う一連の出来事を認めることが本人にどのような影響をもたらすのかについて事前に予測し、注意を払うことも重要となる。

認知の歪み

認知の歪みとは、たまに若年加害者のなかで見られる「思い違い」あるいは「認識の誤り」のことである。これは、事実や展望、あるいは価値の歪みと関連している。要するに、間違った認識によって、あらゆる方法で性的虐待行為を正当化するのである。その認識として次のようなものが挙げられる。

・四歳の女の子が裸になっているのを見た少年が勃起するのは「自然」なことである。
・勃起したら、誰かに抱きつきたいと思うのは「自然」なことである。
・男性が性的に興奮してしまったら、自分でコントロールするのは「不可能」だ。

あるいは、以下のように単純な認識の歪みである場合も考えられる。

「その子が砂場でほかの子どもたちと遊んでいるのを見て、初めてこんなに小さかったんだと分かった。それまでは、もっと大きいんだと思ってた」

加害者が被害者をどの程度傷つけるのかに関しても、歪んだ考えをもっている場合がある。たとえば、「一人でいる子とするよりも、何人かいたほうがましなのかなと思った」とか「すごく小さいから覚えていないだろ。だから、その子を傷つけることはないよ」などである。

認知の歪みは、神経疾患や精神障害による場合もある。あるいは、自他の反応において解釈や判断ができない状態、因果関係や抽象的概念、もしくは出来事や状況の理解や対処ができない状態とかかわっている場合も考えられる。

認知の歪みは、正当でないことを正当化したり、事実を解体したり、事実を架空のものにしたりする目的にかなっているため、非常に有効性が高くなる。暗黙の状態で目的にかなっているかぎり、歪みは維持されてしまう。したがって、その歪みを排除していくためには、歪みを表に出して、本人と向かい合わせることが必要となる。

第15章 マルティンの事例——記憶と承認

マルティンは、三人きょうだいの一番上だった。四歳のとき彼は、ヨーロッパ以外のある国からスウェーデン人女性の養子として引き取られた。一時期、その女性はマルティンの故郷と同じ出身の男性と暮らしていた。その男性と女性の間には、マリアとポールという二人の子どもがいた。

マルティンが一六歳の誕生日を迎える直前、当時一一歳だったマリアと当時八歳だったポールが、マルティンから性的・身体的な虐待を受けていたと母親に話した。この件は、社会サービス局と警察の両方に届けが出された。すべての当事者が取り調べを受け、検察官は起訴処分にすることを決断した。

裁判においてマルティンは、悪質な強姦、未成年者との性的関係、きょうだいに対する不法な脅迫、暴行および暴力、そして性的虐待によって有罪判決を受けた。その結果、マルティンは若年者保護特別法に基づいて少年保護施設に収容された。この施設に収容された場合、一時帰宅や訪問に関する制約があるほか、自身の加害行為に焦点を当てた治療を受けることが義務となっている。

マルティンがきょうだいと面会することは、期限が定められることなく禁じられた。マリアによると、マルティンの性的虐待は「一〇〇回以上」に上っている。その行為は、「一週間に何度も」、「家、別荘、おばあちゃんのうち、車」で行われた。警察の取り調べのなかでマリアは、そのときの様子を次のように答えている。

マルティンからズボンを脱げと強制された。下着の有無にかかわらず、マルティンは身体の上に乗ってきた。そして、「私のあそこ」を痛みつけるために性交をしたり、「手でやったり」した。「私のあそこの中におちんちんが入っている」ように感じた。

マルティンは、「もし、誰かにしゃべったら殴るぞ」と言ってマリアを脅していた。さらに、

(1)（Lag med särskilda bestämmelser om vård av unga : LVU）心理社会的問題、薬物乱用、犯罪行為にかかわった若年者に対する支援に関して定められた法律。一一七ページの訳注も参照のこと。

マリアに対して「部屋を片づけろ」などと指示して、それをやらなければ何度か殴ったりハンマーで脅したりもした。

またマルティンは、弟のポールに対しても性的虐待を犯していた。ポールに、自分のペニスが射精するまで吸わせたり、マスターベーション(2)させたりしていた。

「俺を気持ちよくしてくれたら五クローナやるよ」

ポールに対する虐待もまた、暴力や脅し、あるいは口止めを伴うものであった。

マルティンが有罪判決を受けた罪の内容は深刻なものであった。だが、彼はきょうだいが話す内容について、「まったく記憶がない」と述べた。その一方で、「二人は嘘をついてないよ」、「二人が言うなら、そうなんじゃないかな」と言って自分の罪を認めている。これらが理由で、マルティンは共感力が発達しておらず、衝動をコントロールする力も欠けており、特定の状況下において他人に対して危害を加えるような多発性暴力の傾向がある、と判断された。ちなみに、知能は正常であり、精神神経障害は指摘されなかった。

治療を受けるために、マルティンがボーイズ・クリニックにやって来た。以下に示すのは、ボーイズ・クリニックにおいて二年半にわたって取り組んだマルティンに対する治療の各段階における様子である。

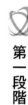

第一段階

マルティンはネグレクトを受けた子どもである、というのが私たちの第一印象であった。だらしなく、きちんとしていない印象を周囲に与えていた。彼が着ていた洋服といえば、古くて汚れており、サイズも合っておらず、流行のデザインとはほど遠いものであった。

非常に恥ずかしがり屋で、部屋に呼ばれるまで待合室に座っておらず、階段のホールに立ったまま待っていた。目を合わそうとせず、治療者の質問に対しては言葉を濁しながら簡単な表現で渋々答えたが、その声は聞こえないくらい小さなものであった。

話の流れを追うことはまったくなく、つぶやくか黙っているかのどちらかであった。どういう気分かと尋ねられると、いつも「大丈夫」とだけ答えていた。前回の治療以降、どんなことをしていたかを聞かれると、「とくに何も」というのがいつもの答えであった。

ボーイズ・クリニックに来る目的や治療から得られるものについて治療者が尋ねると、「分からない」あるいは「二度と同じことが起こるはずはないんだから、治療は時間の無駄」などと答

(2)　約六五円。一クローナ＝一三円で換算。

えていた。妹や弟に何をしたのかについて話そうとすると、「すごい前のことだから覚えてない」と答えた。

治療者は、マルティンの幼少期のころのことや学校のこと、あるいは社会生活について話そうともしたが、それに対しても「覚えていない」と答えるか、「大丈夫」あるいは「とくに何も」といった返事をするかのどちらかであった。

「何もなく」、「何者であるかも分からない」人間は何も話すことなどない、と記している本がある（Lorentzon, 1991）。同じ本のなかで著者は、患者が治療者を恐れていたり親しみを感じていなかったりする場合、「本当の言葉は生まれてこない」とも述べている。

初期段階において治療者がやるべきことは、患者との関係を築くなかで、治療の目的をめぐって協力や合意を引き出すこととなる。この治療では、扱うべき内容に関連する言葉や表現を見つけることを目指す「会話エクササイズ」が主たる方法となる。

マルティンには、次のような話をして答えを促している。

「君の部屋はどんなところかな。同じ施設にいる人たちについて話してみて。そこで働いている職員のなかで、好きな人や嫌いな人はいるかな。普段の一日はどのようにして過ごしているの？　楽しかったことや悲しかったことについて話して」

話す方法以外のやり方で自らを表現する機会も与えられた。

「君の家族を描いてみて。自画像をつくってみて。学校への行き方を書いてみて」あるいは、いくつかの写真を見せて、次のような質問を投げかけた。

「これはどういう写真だと思う？」

さまざまな状況下における人の感情について話を進める準備段階として、実際の人物写真や漫画のキャラクターを見せながら、それらの顔の表情を解釈してみるようにマルティンに言ってみた。だが、この方法はあまりうまくいかなかった。この作業に取り組むことを非常に嫌がり、あからさまに努力することを避けたのだ。

治療者が、「同じことを二度と繰り返さないために、自らの行動を理解することの重要性を理解していないように思える」とマルティンに指摘したことがある。また、何も話さないようにしているることがどのような影響を及ぼすのかについても指摘したが、こうした指摘に対してマルティンは、黙り込むか、「もう同じことは起きない」といったようなことをつぶやくかのどちらかであった。

端的にいえば、マルティンは治療の場にいることを望んでいなかった。会話の目的を理解していなかったか、あるいは理解しようとしていなかったのだ。要するに、治療は意味のないもの、と考えていたのである。

第一段階における治療はこのように進み、いつも長引いた。治療が終わるたびに、治療者はマルティンの手をしっかりと握ったが、彼はそのたびにわざと目をそらしている。外界との間に、二度と崩れることのない壁を築いてしまったかのようだった。いずれにせよマルティンは、ボーイズ・クリニックの治療者との間で人的関係を築くことを拒んでいたといえる。

第二段階

第二段階の最初のころ、マルティンとの距離を近づけることを意図して治療者は、彼に対して異なった評価フォームを提供するようになった。これらの評価は、セルフイメージと関係があるものである。他者との関係において自分をどのように捉えているのか、いくつかの状況下でどのように反応したのか、また共感については、他者の感情をどのように捉えているのかといった質問に対して、彼は最小限の努力をして答えた。

回答には二つの傾向が見られた。一つは、現実よりも願望を表現することによって彼の理想が描かれていたことである。

「自分の幼少期について一〇段階で評価してください。10は非常に幸福であることを指し、1は不幸であることを指しています」という質問に対して、彼は「10」にチェックを入れた。そして、「友達が自分を評価する場合、五段階のうちどれになると思いますか。1は非常にネガティブであることを指し、５は非常にポジティブであることを指しています」という質問に対しても、同じように「５」にチェックを入れた。さらに、「今まで寂しいと思ったことはありますか？　いつも、しばしば、時々、ほとんどない、一度もない、のうちいずれかを選択してください」という質問に対しては、「一度もない」と回答していた。

一方、自分に期待されていると考えるものについては、「正しい答え」を記入しようとしていた。これが二つ目の傾向である。

質問　二度と性的虐待をしないために、何が一番重要だと考えますか？

Ａ　前のことは忘れて先に進む。
Ｂ　なぜ止められなかったのかを考え、自分自身のことを理解しようと努める。
Ｃ　そのことを考えないようにする。
Ｄ　被害者の立場になって考えるようにする。
Ｅ　リスクはまったくないので二度と起こらない。

こうした質問に対して、彼はＢやＤといった選択肢を選んでいた。だが、治療者との会話を聞くかぎり、実際にはできるかぎり早くすべてのことを忘れてしまいたいと彼が考えていることが明白であった。このような答えは、彼の満たされない願望が表現されたものであると解釈することができる。

一つの突破口、あるいは少なくともその出発点と考えられる出来事がこうした作業のなかで起こった。

「私は人と容易に目を合わせることができる」という問いに対して、マルティンは「はい」か「いいえ」で答えることが求められた。彼はこの質問に対して「いいえ」を選択して、次のようなコメントを書いている。

「ぼくにとってはいつも難しい」

この答えに治療者は非常に驚いた。マルティンは突如として、自らの内にある考えや思いを表現したのである。これは、次に進めるという印でもあった。これ以降、治療者とマルティンの関係は、より治療を前提としたものに変わっていくことになった。

第三段階

時が経つにつれて、マルティンとの会話が容易になった。彼自身が犯した性的虐待についても話すことができるようになったのだ。

マルティンの場合、ペンと紙を使いながら自分自身のことを整理するほうが向いていることに治療者が気づいた。向かい合って会話をする場合は考えたり整理したりする力が遮断されてしまうのに対して、書くことによって、自分自身が治療を通じて得たいものを自由に表現することができたのである。その行為は、「起こったことを、ありのまま正しく言えるようにする」ということを意味した。

マルティンは、虐待が彼自身に対してどのような否定的な影響を及ぼしたのかについても、自身の考えをまとめることができた。

「嘘をつかないといけなくなる。家にいる理由を友達に言えなくなる」

虐待を犯したことをいかに弁解しようとしていたのかについても、彼はペンを持ちながら振り返った。

「誰も知らないし、誰にも見つからない」

このような単純な否認は、私たちがしばしば若年加害者との治療において出合うものであり、こうした否認が自己弁護の機能を果たすということを示すよい例となる。

「誰も知らないことは起こっていない出来事で、誰からも見つかっていないことは存在しない出来事なのさ」

以前は虐待が性的なニュアンスを含むものであると認めていなかったが、実際には勃起をしていたことや「興奮のはけ口を見つけたかった」ことを認められるようにもなった。治療者とともに、彼は次第に虐待行為に及んだときの状況、出来事、考えや思いを確認することができるようになったのだ。

徐々に明らかになってきたことは、否定されたり、傷ついたり、イライラしたりした状況、「すべてが悪い方向へ進んだ」こと、そしてきょうだいが「ケンカしたり叫んだりしたこと」などがポルノ映画の頻繁な視聴と組み合わさって、妹と弟に対する性的虐待に発展してしまったということである。

虐待の精神力動的な側面に関していうと、マルティンは妹と弟をいつも羨ましいと思っていたことが分かった。妹や弟には父親がおり、自分にはいない。マルティンの故郷から継父が帰国したとき、二人のきょうだいと違ってマルティンは、まったく継父に構ってもらうことがなかった。これは不公平だ、と彼は考えていたのだ。

彼のこうした嫉妬や反抗心が、なぜ性的虐待という形で表現されたのかについては分からなかった。マルティン自身はこのことについて、もしかしたら、性的な側面が一番重要であったわけではないのかもしれないと考えた。マルティンが考えるところによると、二人を困らせたい、いじめたい、コントロールして懲らしめたいという衝動に駆られ、証拠を残すことなく傷つけることができる手段として性的虐待を思いついたのではないかということであった。

マルティンは、自らの就学前や出身国で過ごした数年間のことを覚えていなかった。彼が知っていたのは、生まれたあとに実母に捨てられ、その後の数年間は孤児院で過ごしたということだけであった。彼自身が身体的虐待や性的虐待を受けたということはなかったが、継父が妹（マリア）や弟（ポール）、とりわけポールを殴るのを見たことは何度かあった。

第四段階

マルティンは、二年半にわたって過ごした施設を退所する段階に来ていた。一人で生活をするための準備をしたり、働くか、勉強を続けるかの相談を進めようとしていた。この時点で残されていたことは、セックスや正常なセクシュアリティについて、マスターベーションについて、そしてポルノグラフィーなどについて彼と話をすることであった。マルティンはこれまで非常に無口で、こうした話題については話したがらなかった。たとえば、一度もマスターベーションをしたことはない、とマルティンは主張していた。

「そういうのは好きじゃない。自然な感じじゃないし」

マルティンが性に目覚めたとき、セックスについて話せる人が彼の周りに誰もいなかった。「青年期になって性的に興奮する」というのがどういうことなのかについて標準的な視点を得られる機会が一度もなく、恥ずかしいという気持ちと不安の感情しかなかった。自分のなかで芽生えているセクシュアリティを表現するための言葉やイメージは、ポルノグラフィーで描かれた、単純で架空の関係性から吸収していたのだ。

性的発達段階においてポルノグラフィーが唯一の拠りどころとなってきた人の場合、そこから得られるイメージは、自身のセクシュアリティに関する空想を好ましくない形で反映されたものとして理解される。ポルノグラフィーから得られるイメージは、自分自身のセクシュアリティを、敵対的で、危険で、非人間的なものとして捉える見方につながっていくという傾向が強い。

私たちは多くの時間を割いて、愛やセックスのこと、彼女をつくる方法、相手に好かれたときの伝え方などを話した。もちろん、映画を観たり、性教育教材で学んだりもした。マルティンはいつものように無口で、会話をするのも気まずそうな様子をしていたが、関心を示さないわけではなかった。

第五段階

マルティンは、虐待行為について話したり、その行為にかかわっていた環境を検証したりすることができるようになった。彼が次にやるべきことは、この治療期間でどのように自分自身が変わったのかについて考察することであった。彼は、自分自身が「よりオープン」になり、自信をつけることができたし、将来に対しても明るい展望をもてるようになったと考えた。また、家族のことをよく考えており、いつ家に帰れるのか、きょうだいとはいつ会えるのか、平常の生活を送れるようになるのはいつなのか、と気にしていた。

勉強を続けたり、仕事をはじめたりすることに対して意欲的になり、一八歳になってからは、自分が住むアパートを見つけるための支援を得ようと前向きになっていた。かなりよい成績で基礎学校(3)を卒業したのち、マルティンは建設会社に就職することになった。その仕事が気に入ったマルティンは好成績をあげている。

目に見えるほどの変化が彼の外見にも現れた。常におしゃれで、清潔な色の洋服を着るようになり、またそれが彼にとても似合っていた。顔、体、髪に対しても、以前よりまめに手入れをするようになった。以前のように張りつめた厳しい表情をすることがなく、穏やかな表情が見られるようになったのだ。

だが、マルティンは、この段階でもまだ被害者がどのように虐待を経験したのかについての話題に関しては話すことを避けていた。彼自身、以前から自分の共感力が欠けていることについて

(3)　基礎学校の九年間は義務教育にあたる。一一九ページの訳注も参照のこと。

考えていた。あるとき、次のような状況を彼自身が説明してくれた。

彼と何人かの若者が交通事故現場に遭遇した。そこでオートバイに乗っていた人が車にぶつかり、片方の足をなくしてしまった。ほかの人たちは気分が悪くなったり、ぞっとしたり、パニックになったりしたが、彼自身は何も感じなかったのだという。「自分はまったく冷静で、心を動かされることはなかった」と、彼は述べている。

マルティンの虐待行為の要因がはっきりと分からない以上、被害者の感情を想像するように努力させることにどれほどの意味があるのかについて判断することができない。だが、人間的、道徳的、倫理的な観点から見ると、暴力の加害者には、「被害者の立場になり」、被害者にとって虐待がどのような出来事だったのかを理解しようと努力することで誰かを傷つけたということに気づき、謝罪することが求められる。

マルティンは虐待行為についての詳細をまったく覚えておらず、被害者が虐待によってどのように感じ、どのように影響を受けたかについても考えることができなかった。そこで治療者は、警察が妹のマリアと弟のポールに対して行った取り調べの内容をマルティンに読ませることにした。

マルティンは、しばしば二人について、どうにもならないほど暴れん坊で、甘ったれで、うるさくて、生意気だ、と語っていた。二人に対する彼のこうした見方は、自分が行った行為に対する一種の正当化であると治療者は判断した。

いくつかの治療のなかでマルティンは、二人に対する警察の聴取時の様子を撮影したビデオを見ている。そのとき彼は、「そうしなきゃいけないんだろ」とつぶやきながら、非常に消極的であった。ポールとマリアは、自分たちにどういうことが起こったのかについてかなり詳細な説明をしていた。マルティンは一言も話さず、その様子をじっと見ていた。

ビデオを見たあと、彼はいくつかの意見を求められた。

「ビデオを見て、どんな気持ちだった？　二人の説明は正しかった？」

すると、彼から興味深い答えが返ってきた。二人に対して起こったことを聞いて、「やった奴を殴り倒したい」と思ったのだ。それが自分だということに気づいていたが、ポールとマリアは、まるで誰か別の人のことを話しているようであったという。

妹と弟の語りに対して、彼は異なる反応を示した。マリアよりもポールに対して腹を立てていたのである。ポールがいかに「うっとうしくて甘えん坊」であったのかを主張して、ポールに対する嫌悪感を示した。一方、マリアに対しては申し訳ない気持ちをもっており、謝りたいと考えていた。

マリアの立場に立って、彼女がどのように感じたのかについて考えてもらうために、マルティン自身がマリアになって、自分に対して手紙を書くようにすすめられた。以下に掲載したのは、マルティンが書いたものである。彼の筆跡は控えめで落ち着いたものであり、極めて念入りに書かれていた。

マルティンへ

あなたは私の人生を台無しにしてしまった。私に屈辱を与えて、世間に恥をさらした。あなたを許せる日は来ない。私はずっと悲しんできた。あなたは、私のこととか私の感情に関心はなく、自分のことばかりだった。この間、私がどう思うか、あなたから聞かれたことなんて一度もない。何より、自分の妹に対してあんなことをするなんて信じられない。

マルティンにはこうした考えや感情を口頭でまとめることができなかったが、書くことによってそれが可能になったのだ。とはいえ、書いたことを声に出して読むことをマルティンが拒否したので、治療者が代わりにそれを読むことになった。

次の治療においてマルティンは、マリアに対する架空の返事を書くように指示された。このときの彼の筆跡は乱れて落ち着かず、読みづらいものであった。それどころか、ほとんど消えそうな文字もあった。たとえていえば、ひそひそ話す状態を紙の上で表現する、といった筆跡であった。以下に掲載したのが、彼自身と彼の感情について書かれたものである。

マリアへ

僕のことを決して許せることはないと分かっています。自分の妹に、こんな馬鹿げたことをするなんて理解できません。それをやった奴を殴り倒したいと思ったけど、それは僕でした。それが、僕にとって理解できないことです。君がどんな気持ちだったかを考えると、ものすごく傷つけたんだって思います。君の人生すべてに対して。そう考えると、とても申し訳なく思います。

マルティンより

第16章 治療——心理療法と教育

若年加害者に対する治療において目指す方向性は、多くの場合、「理解させてやめさせる」という表現にまとめることができるだろう。若年者には、自らの加害行為や自己に関する理解を深める機会が与えられる。それによって、再犯のリスクを最小限にするという明確な目的のもと、リスク状況とは何かについて把握することを学ぶのである。

自己理解をする必要があるのは患者だけではない。治療者にとっても同じく重要である。自己に関することや患者のこと、そして行っている治療についての理解を深めるため、常に自らに対して問いかけをしながら治療について再評価をしていくことが求められるのだ。そのために私たちは、教育学的および心理療法的な文脈から得たいくつかの認知的・精神力動的な概念を参考にしている。

ささいなことから見いだす

自分たちの感情や考えを表現することは治療のための土壌となる。私たちは、そこから洞察、成長、変化を遂げていく。そうした表現を見つけて分析しようとする作業は、私たちが日々行っている任務の一部である。治療で患者と向き合う場においては、次のような力強く明瞭な表現が生まれることが期待される。たとえば、目覚ましい洞察や決定的な突破口、あるいはターニングポイントなどである。

しかしながら、私たちがやるべきことは、むしろ非常に微細な表現を集めて観察し、理解することとなる。ジャケットのボタンを外して携帯電話の電源を切るという動作は、もしかしたら、それ以外の手段では表現しきれない何かを語っているのかもしれないのだ。

治療を一年間続けたあと、患者が初めて治療者の名前を呼んだり、治療者の目をじっと見たりすることはささいなことに思えるかもしれないが、実は、そうしたことが何か非常に重要なことを表現している場合もある。たとえば、患者が発する「生かす」という表現は素敵だと思うことを、「消え失せろ」という表現は落胆を、「こき下ろす」という表現は見捨てられたことを意味するかもしれない。

ここで、第13章で紹介したステファンの事例を挙げてみよう。彼は、ある青年が年長の男性から治療を受ける内容のアメリカ映画を観てこう言った。

「俺がすべてのことを理解できて、新しいことが見えてきたら、俺たちも立ち上がって抱き合ったりするの？」

治療者の答えは、おおよそ次のようなものであった。

「映画だとすると、私たちが今ここでやっていることは特段面白いものではないし、むしろ退屈なことかもしれない。動きがそんなにあるわけではないからね。でも、だからといって、重要でないということはないよ。ところで、君は誰かが抱きしめてくれることを望んでいるのかな？」

内的葛藤と行動

通常、個人が抱えている問題は、未解決の内的葛藤が表現されたものとして捉えられることが多い。治療のなかでは、未解決の葛藤を明らかにして、さまざまな方法で解釈することを通じて患者の自己理解や自身が抱えている問題に対する理解が進んだ場合であれば、そうした症状を和らげることができると私たちは考えている。

虐待行為に及んだにもかかわらず、その行為を大きな問題として捉えていない若年者の場合、まずは本人の行動を変化させることに焦点を当てるべきである。ただし、このことは、本人が犯した性的虐待の精神力動的な側面を軽視しているわけではない。治療上の関係が深まるなかで本人が自らの内面をもっと理解したいと思うようになった場合、その課題に対して、実際の行動を変化させることと合わせて取り組むことが可能となる。

ステファンは、妹に対して虐待を続けていた理由について次のように理解していた。

「俺は先生に頼っていて、俺のことを認めてほしい、俺がやることすべてを認めてほしいと思っていることに気づいた。そしたら、なんで母ちゃんに対して腹を立てているのかが分かった。そういうことを一度もしてくれなかったんだよ。それに対して仕返しをしていたんだと思う。妹が俺を誘ってると思ったり、妹の後を追いかけたりしたのは、そういうときだった。あとは、家で妹と二人きりのときにポルノ映画を観るべきじゃなかったと思う。そのことも、妹を虐待したことと関係しているのかもしれない」

解釈、トレーニング、指導、そして教育

心理療法士にとって、「解釈」という手段は力動的心理療法のなかでもっとも強力なものである。患者が抱えている問題を治療者が理解していることを伝え、患者が自らの人生において何を

選択し、どのような行動を取るべきかについて、意味のある整理や考察をするための試みを支えるのだ。多くの場合、若年加害者による犯罪は、本人にとっての失望、裏切り、嫌悪、喪失などとの関係で解釈することができる。

だが、問題となるのは、このように理解することで新たな犯罪を防ぐことができるのかという点である。セクシュアリティや性的欲求に強度の否認や解離が見られる場合、トレーニングや指導、教育を通じて、解釈の方法をより繊細なものにしていく必要がある。

ある少年は、マスターベーションの仕方を一度も習ったことがなかった。その代わりに彼は、近所の小さい女の子たちを性的虐待することによって自らの性的欲求を満たしていた。こうしたケースの場合、性教育のための映画を観せることが適切であると判断された。その後、彼は、近所の女の子たちに対してやっていたことと同じことを自分も小さいころにされていたという事実を思い出した。この発見は、自らの身体だけでなく自分自身を受け入れ、愛着をもとうとするなかにおいて大きな意味をもつことになった。

思考と感情

感情や考えを説明したり表現したりすること、あるいはそれらを理解したり変えようとすることは、心理療法的な治療においては重要な焦点となる。この点に関していえば、若年性加害者を対象とする場合も同じである。考えることは、感情と同じくらい重要なものなのだ。本人が自らの感情を表現できるだけの言葉をもち合わせていない場合、繰り返し「どのように感じたのか」と尋ねることは、治療の行き詰まりをもたらす可能性を高くしてしまう。

こうしたときは、何を考えているのか、あるいは何をどのように考えたのかという思考に限定した質問のほうが答えやすい場合が多い。ただし、このような場合でも具体的に答えることが困難な場合がある。「分からない」というのは、そのもっとも簡略化された表現といえる。このような場合、前に進むための方法の一つとして、本人が話している状況や文脈がどの思考や感情と関係しているのかを示すというやり方がある。また、セックスや虐待以外のことについて話すのも、思考や感情を表現するための有益なエクササイズになる。たとえば、日常の出来事や状況にかかわる次のような質問が考えられる。

・君の部屋はどんなところ？
・普段はどういう毎日を送っているの？
・君はどのような顔をしている？
・私はどんな顔をしていて、どのような印象？

・夏休みにしたことを教えて！
・サッカーでチームが負けたときどんな気持ちだった？

本人がボーイズ・クリニックに来て、治療者と交わす会話も、思考や感情を整理して説明する機会をもたらすことになる。ちなみに、治療者は患者に対して次のような質問をしている。

・君に記入してもらうための紙をわたしたとき、どういう気持ちになる？
・ここに来るのはどんな気持ち？
・毎週、心理療法士のところへ行って、自分のことを話さなければならないというのはどんな気持ち？
・もし、私が次の面談予約をキャンセルしたらどんなふうに感じる？
・君が待合室で座っているところは見たことがない。階段のホールで立って待っているんだね。それはどうして？
・待合室でいつもどんなことを考えているの？
・ほかの人といっしょに待合室にいるとき、どんな気持ちがする？
・退室するときに私と目を合わそうとしないね。君が私の手を握って挨拶をするとき、君はどんな気持ちになるのかな？

自由と強制

多くの人にとって、心理療法は自由であることと関連づけられている。本人がやっていないと思っていることや、二度とやるはずがないと「信じている」ことに対して、所定のケアや治療を施すと失敗することになりかねない。加えて、患者が裁判の場で軽い判決を得ようとして嘘をついてしまった場合、心理療法士に対して「心を開こう」とはしないものだ。嘘をついているということがばれてしまって、より重い判決を受けるというリスクがあると考えているからだ。

それでもなお、収容され、所定の治療を受ける強制的なケアの枠組みにおいても、有意義な治療上の関係を築く機会が存在すると私たちは考えている。

治療を受ける多くの少年たちは、「胸の内を明かすことで安心する」とか「誰か聞いてくれる人がいるのはよいことである」といった文化を共有していない。よって、「自分のことを理解しようとするのは常に大事なことだ」という考えももっていない。とはいえ、彼らが治療に取りかかる理由はいくつかある。たとえば、「たまに抜け出すのは嬉しい」、「終わったらマクドナルドに行ける」、「やらないといけないんだろ」、「施設にいるほかの奴らも心理士に会いに行ってる」、「とりあえずやってみるか」などである。

一五歳の少年が勾留され、専用の輸送車で移送され、さまざまな制限のもと長期間にわたって少年保護施設で過ごす。隔離され、一時帰宅も制限され、電話は一日一回までで、週末の活動といえば、気力を失わせるような経験しかできない。このような状況においては、心の中の怒りが増大していき、それを抑制することが非常に困難となる場合がある。収容された若年者たちが少年保護施設の外に治療先を必要としているのは、これまでの経験からも明らかなことである。

こうした多くの若年者たちは、とくに成人男性からの関心を得ることを渇望している。成人男性に対して、自らの将来像を重ね合わせるのだ。彼らは、与えられる課題に対して取り組み、つきっきりで相手をしてもらうことを通じて刺激を受ける。自分たちの心を占める事柄に対して新しい視点を得ることで、羞恥心を和らげることができる。そして、これまで抱くことのなかった思考や感情を発見する機会を得ることになる。

話す、書く、描く、遊ぶ

変化や洞察への道は話し言葉によってなされるものであるが、性的虐待についていえば、その詳細、思考、感情、空想といったものの大部分が言葉で表されないことが多い。事実を明らかにする試みとして、関係を築くためのありとあらゆる伝達手段や方法がある。私たちは、質問票や記述式の課題を考案して絶えず治療に活用している。私たちが向き合う少年たちは、自由に思考や感情を表現することができない場合が多いため、こうした質問票や課題が非常に貴重な助けとなる。

治療者が次のように質問したとする。

・何か、私が助けられることはあるかな？
・君の人生で変えたいと思うことはある？
・満足していないことが何かある？

こうした質問に対する答えは、しばしば肩をすくめて「分からない」というものとなる。だが他方で、治療者が質問票をわたして、「これは、君が自分自身をどう見ているかに関するものだ。自分のことをもう少し理解することで、もう二度と性的虐待をしないということが確信できると思うよ」と伝えたとする。すると、数分後には、議論の題材を得られる可能性が出てくるのだ。

一連の質問に一人で向かわせる時間を与えたとき、彼らが示すことのできるものがこれほどあるのだという事実に私たちは驚かされることがよくある。肌の色についてどのように考えているのか、パンケーキをつくれることをどれほど誇りに思っているのか、といった質問に対する答えから、治療者はありとあらゆることを見いだすことができる。

自分のことは自分で振り返るほうがうまくいく場合、治療者との関係の築き方も変わってくる。「普段の会話では、自由に話したり考えたりすることがなぜ難しいのか？」といった問いに治療者と議論することで、治療プロセスがより深くて濃密なものになるのだ。

なかには、文章を書いて自己表現ができない少年もいる。彼らに対しては、たとえば絵を描いたり遊んだりするなかで、表現できる方法を探っていく必要がある。砂場で遊んだり、何かをつくったりすることで落ち着くようになった一三歳の少年もいる。そして、なんといっても、ボーイズ・クリニックには使い古されたトランプがある。このトランプは、信頼できる治療上の関係を築くために、私たちがどれほど長い道のりを歩んできたかを物語っている。

理解と説明――変化のために

患者が自分自身の抱える問題を理解しているからといって、必ずしも本人の行動が変わるわけではない。また、そのことが行動を変化させるための絶対的な必須条件であるわけでもない。こうした変化は、理由がはっきりと分からないまま「自発的に」起こりえる。自分の生活を変える、仕事を変える、結婚する、教育を受ける、タバコをやめるといった決断は、周りの環境によってもたらされることが多い。私たちは、そうした環境の変化について理解しようとしているが、常にそのように心掛けているわけではない。

反対に、自分のことをどれほど理解していようとも、やめなければと思っている関係や習慣を続けてしまうことがある。だが、それでも、心理療法は理解することを「変化のための母」として、説明することを「変化のための父」として捉えて取り組んでいくことになる。

無意識下にあり、言葉にされていないことを理解して整理していくこと、隠されていることや不可解なことを明らかにしていくこと、事実を明らかにして不可解なことを説明していくことなど、心理療法の治療においては、患者のより良い変化を期待しながら、こうした作業に対してかなり多くの時間が費やされている。

変化のための鍵は、おそらく「母性的」とでも表現できるような「理解」の方法にある。すなわち、患者が自分のほうをしっかりと向き合って理解されたと感じるような共感のありようであり、そのような関係のもとで、本人は信頼や感情の結びつきを経験することができる。他方、「父性的」として表現できるような「説明」の方法としては、感情的というよりは知的なものとなり、「しっかりと向き合って理解される」というよりは敬意を表しながら肯定していくことになる。

ある事例からこの点を説明してみたい。

数年間の治療を経て、ステファン（第13章参照）が治療者との関係を終えようとしたとき、彼はやりだした勉強を最後まで終えられるのかと不安を感じるようになった。

「俺みたいに里親で育ったような奴が大学を卒業することができると信じるバカ、いるわけないだろ」

治療が完了したときに治療者は、ステファンが抱えているジレンマを理解していると伝えた。

「今、私たちが関係を終えようとしているとき、君が私に見捨てられたと感じるのはもっともなことだよ。でも君は、きっとできると信じていたことがやっぱりできないかもしれないと感じたとき、自分自身のことを見捨てようとはしないよね。それは、過去に君がお母さんに見捨てられて、次から次へと里親が変わったときにやってきたことだね。君は、『誰も俺を必要としてない。俺の価値なんてないんだ』と思ったんだよね」

治療者による説明の前半は、おそらくステファンがその当時に感じていた不安を表現しながら、その不安に対して深く理解していることを伝えた部分である。それに対して後半は、より知的な、あるいは「説明的」な内容となっている。つまり、ステファンが幼少期から耐えてきたことを説明しているのである。

このようにして、大学での勉強をやり遂げたいという彼の決意に「理解」と「説明」という二つの方法で向き合うことが必要不可欠となる。

自由連想法と治療プログラム

　ボーイズ・クリニックでの治療は、どちらかといえば「自由連想法」[(1)]よりも「治療プログラム」に近い。つまり、課題を提案し、質問し、治療の道筋を示すのは治療者の側なのだ。治療の目的（すなわち再犯防止）は、ある程度治療者と「社会規範」によって決められている。若年者が次第に落ち着き、自分にとって治療が意味のあるものになりえると理解できた段階で、「より自由な」思考や感情の交流を試みることができるだろう。

　治療における「自由連想法」とは、特定の時間と空間の枠組みのなかで患者自らの必要性に基づき、あるいは自らの衝動、思考、空想を通じて自由に語る方法のことを意味する。このような自由な連想の流れは、患者自身がさまざまな形で問題を抱えて成育を妨げられている生活や、環境にかかわる意識的あるいは無意識的な考えとして捉えられるべきである。治療者には、患者がこの流れを解釈する過程を援助することが求められる。

（1）精神分析治療技法の一つで、フロイト（Sigmund Freud, 1856～1939）などが用いた手法。患者に心の中に思い浮かぶことを選別することなく自由に語らせることで、無意識を探索しようとする方法。

しかしながら、若年者を対象とした治療においては、こうしたアプローチは不安を生じさせることにもなる。私たちの経験からいえることは、若年者の場合、少なくとも最初のうちは、より「プログラム化」された明確な構造のなかで取り組むほうが向いているということだ。だが同時に、進んでいるプロセス、患者のニーズ、緊急事態に対して、常に注意を怠らないようにしておかなければならない。

仮に、治療者が無言で治療をはじめ、患者からの動きを待つような場合は、信頼関係を築くにあたっては逆効果になるときもある。だが、いったん関係が築かれたあとであれば、次のような表現を用いることが適切な場合もある。

「私たちが会うとき、話をはじめるのはいつも私からだね。そのことに気づいてた？　だけど、本来なら君であるべきだよね。だって、ここでの主役は君なんだから。そこで提案なんだけど、次に会うときまでに、私と何を話したいかについて考えてきてくれないかな。次は、君が話しはじめるのを待ってるから。何もないなら、最初にそう言ってくれたらいいからね」

現時点とあの時点

当然ながら、治療においてもっとも重要なことは、自らが歩んできた道や幼少期のこと、両親やきょうだい、友達との関係のことを話してもらい、虐待行為の詳細について検討していくことである。虐待についてできるかぎり詳細に説明していくことは、自らがやったことに対する責任を負い、自分自身や自分が引き起こした行動を反省する際に役立つことになる。

治療者が現時点の思考や感情について話そうとするときは、より不安定な場に踏み込むことになる。たとえば、治療者自身や若年加害者本人のこと、治療を受けることについての感情、対応を迫られたり質問を受けたりすること、などが挙げられる。ここで治療者は、拒絶されるか、感情的なつながりを生み出して試されるかという個人的なリスクを負うことになる。とはいえ、このプロセスは、協力関係や信頼関係を構築する重要な機会ともなる。若年加害者の治療を成功へと導くためには、こうした関係が不可欠なのだ。

患者のニーズと動機、治療者の判断と決断

若年加害者に対する治療を導くのは、治療者の判断と決断によって定められた治療目標である。だが、それでも私たちが注意を向けなければならないのは、若年患者がもつニーズや動機である。目標それ自体は、先に述べたような言葉、「理解させてやめさせる」でまとめられるかもしれないが、この一般的な目標をより具体的に分解していくと次のようになる。

・虐待のことを言葉で説明できる。
・全面的に責任を負っている。
・被害者に対して共感している。
・謝りたがっている。
・自分の虐待行為を理解している。
・罪を否認したり、最小化したり、転換したりしない。
・言い訳をしない。

若年加害者がこのような目標を目にすると、当たり前のことだと感じたり、やる気の失せるようなものだと感じるかもしれない。こうした目標に向けて「取り組む」と治療者に約束した場合でも、やらなければならないと感じて取り組むものの、結局のところ心から責任感や義務感を感じることなく「リップサービス」で終わってしまうこともある。これらは治療目標としては無難なものであるが、問題となるのは、患者がこれらを「人生の目標」として認めるかどうかということである。

仮に、初めのうちは若年加害者が人生の目標を整理できなくても、次第に次のような願望を表現できるようになることが多い。

・自分を磨きたい。
・親父みたいにはなりたくない。
・普通の人間になりたい。
・新しい友達をつくりたい。
・自分のやったことについて考えるのをやめたい。
・学校でもっと頑張りたい。
・丁寧な言葉遣いをしたい。
・集団的な圧力に対抗したい。
・自分の態度を変えたい。

自分自身の夢や願望にかかわる内容を整理する機会が与えられた場合は、自分に関係していることから治療に向けた動機づけも進み、真面目に取り組むことになるだろう。このような目標の策定は、治療完了時期[(2)]においても非常に重要なものとなる。

少年保護施設に収容されているような場合、一時帰宅措置や退所に向けた移行措置にかかわる

---

(2)　一一七ページの訳注を参照。

決断を行うにあたって、治療者の役割は極めて大きいものとなる。治療期間のなかで明らかになったことを治療者が公にしないとしても、どのような状況にあるのかについて患者自身にも知らせておく必要がある。ネットワークのなかで行われる相談や開示性について、本人にも知らされることが求められている。

優先されるべき関係性

心理療法の学派、用いる技法や教材、評価における診断装置にかかわらず、結局のところ、私たちの治療において決定的となるのは患者と治療者の関係性である。関係性は何にも増して優先されるのだ。

治療上の関係において特徴的なのは、「ある人」からの関心と注目を一身に受ける対象は「私」の記憶であり、思考や感情であり、空想や気づきであるということだ。そして、その「ある人」は「私」のことを自分の目的のために利用したり、「私」を判断しようとしたり、失格させたり、非難したりしない。むしろ、その「人」は「私」のことを尊重し、肯定し、愛情をもって接し、信じ、そして希望を与えてくれる存在となる。

第17章 治療者自身の感情

人との出会いは、よい感情、不快な感情、乱れた感情といったさまざまなものを喚起する。それらは、全身で感じられ、長く居座って非常に分かりやすくはっきりとしたものであったり、一時的なものですぐに過ぎ去り、ほとんど気づかないものであったりする。こうした感情の流れは絶え間なく続き、私たちが制御できるようなものではない。だが、私たちは、そうした感情を対処する方法について制御することが可能である。

人とのかかわりを専門とし、個人的な面談が仕事の手段となる私たちにとっては、面談を通じて患者や私たち自身のなかに掻き立てられる感情について熟慮することには意味がある。自分自身のなかで、あるいは患者との間で何が起こっているのかについて理解し、解釈することが可能になっていくのだ。

このことは、治療がどのように進んでいるのかを専門的に判断する場合において極めて重要となる。治療者として、私たちは患者とのかかわりを通じて喚起される感情に注意深くなることを学んでいる。そのような治療者の感情は、当然ながら私たち自身にかかわるものとなるわけだが、同時に患者との間で起こっていることであったり、患者の内面で生じていることであったりする場合もある。

治療者の感情が患者によって喚起されるという考え方は広く知られており、「逆転移」として説明されている。問題となるのは、ある特定の患者によって喚起される感情から私たちが学べることは何かということである。

フロイト（二〇五ページの訳注を参照）は、治療者自身の感情が「盲点」となって患者を診たり理解したりすることを妨げる問題について指摘した（Holm, 1987）。だが、今日においては、「逆転移」というのはむしろ常に存在するような正常なものであり、患者を理解するための有益な手段として捉えられている。

非常に強力で説明のつかないような感情や、しばしば痛みを伴うような驚きをもった感情を整理する作業は、自己診断や自己認識、助言、相談、そして自らの心理療法の経験を必要とする。性的境界を越える子どもや若者と向き合うことは、治療者自身のセクシュアリティ、自らの子ども時代、タブー、欲望や空想、そして境界や内面に影響を与えることになる。

以下では、私たちが患者と向き合うなかで認識するに至った感情の状態をいくつか挙げ、それらの感情がどのように認められ、また治療プロセスとの関係がどのように見られたのかについて述べていく。

ここに座っている理由

慣れた手つきでカードが扱われ、卓上を飛び交っている。それぞれ五枚が残る。何セット目か覚えてはいない。数えるのをやめてしまった。彼は熱心に自分の手元にあるカードを見つめながら、私が手にしているカードを見抜こうと、私の顔の表情を読み取ろうとしている。今回も、もちろん彼が勝つのだ。いつものように。私は彼に問いかける。

「私たちが出会ってから一年半の間に、君は変わったと思う?」

問いかけてからちょうど一四分が経ち、彼が答える。

「最初のころよりは勝てるようになったかな」

あまり集中できないと感じるときや、治療が時間潰しになってしまっているとき、また、ここになぜ座っているのかを思い起こす必要に駆られるときは、少し立ち止まって何が起こっているのかについて考察することに意味がある。

私たちは諦めてしまったのか？　患者の防御が堅すぎるのか、あるいは私たちの思い上がりが強くて野心的でありすぎるのか？　それゆえに、今、目の前にあることが重要であると理解する力を失っているのか？

もし、こうした迷いや困惑の感情が患者の心の中の状態と関係しているとき、患者は自らを見捨てられたと感じ、自らの存在理由や人生の意味について不安を感じていると示唆している場合がある。患者は、より明確な助言を与えてほしいと思っており、自分に寄り添ってくれる人を求めているのかもしれない。

それほど悪いことではなかった

「あの子は自慢して回ってるよ。あいつらに俺がやったことを話しながら、あの子は笑っていたらしい。あいつらが話せって言ったらしいけど。そんなささいなことで俺が収容されなきゃいけなかったことを可哀そうだって思ってる。俺に対して申し訳ないっていう内容の手紙まで送ってきたよ。最後に『愛を込めて』って添えてあるんだ。結局、そんなに悪いことしたわけじゃなかったってことだろ？」

私は急に心配になった。この話が本当だったとしたら、女の子は強姦されたのではなく同意のもとで起こった出来事となる。それにもかかわらず、あとから恥ずかしい思いに駆られた。私はため息をついた。

「君は運が悪かったな……」

だが、口にはしなかった。

時に、私たちは起こった出来事を忘れてしまい、矮小化したり最小化したりすることもある。結局のところ、それほど悪いことをしたわけではなかったと考えることさえある。治療におけるこうした反応は、さまざまに解釈することができる。まず、そうした反応は、若年者自身が自らの行動や衝動から距離を置こうとする兆候の場合がある。こうした兆候は若年加害者にしばしば見られる。また、患者の操作能力の結果という場合もある。

あまりにも多くの否認や回避があると、私たち治療者は少年の抵抗を乗り越えようとして彼自身が実際にやったことを「忘れ」、本人の気持ちをなだめることを通して信頼関係を構築しようとする場合がある。通常、こうしたことを私たちは、患者の否認からの「感染」と呼んでいる。

だが、常に若年患者の側による嘘、否認、回避、あるいはごまかしの問題に寄添うわけではない。「それほど悪いことをしたわけではなかったのかもしれない」という治療者の感情は、患者の否認や言い訳よりも、むしろ現実的な場面のなかから生じることがある。要するに、実際に起こった一連の出来事においては、事後的に捉えたときとは異なる部分があるかもしれないということだ。若年加害者がもっとも真実に近いことを言っている可能性もある、ということを私たちは頭に入れておく必要がある。

いかなる場合においても、このような感情は、治療者が患者との関係を信頼や連携、あるいは本人の発達にかかわる側面から考察するにあたって重要な刺激となる。私たちの経験からいえることは、若年者が治療の場面で最小化すればするほど、あるいは反抗的でやる気のない態度や人の気を引きながら見せかけの協力をすればするほど、事実を歪めたり、「リフレーミング」（一四一ページの図参照）しようとする若年者の行為に、治療者である私たちが乗せられてしまうというリスクが高まってしまうことである。

彼を苦しめる

彼は部屋に入ってきて椅子に座る。そのとき、彼が新しいズボンを履いてきたことに私は気づいた。髪も切っている。自分の身なりを気にしはじめたようだ。この半年間で初めて、私は彼の元気そうな姿を見た。それは、彼の顔色に表れている。顔色がよいのは、もしかしたら日焼けサロンに行ったのかもしれない。幸せそうな顔で、今週末にゴーカートに行くのだという。

「じゃあ、あのことはどうなるのか？」と、私は自分に問いかける。「虐待している間、暴力は絶対に用いなかったと君は言ったね。でも、警察の取り調べで、被害者の女の子は君から殴られて、エアソフトガンを向けられたと言っている」

彼の笑顔が急に凍りつき、苦痛に歪んだ顔へと変わるとき、私はまるで彼にナイフを突きつけているかのように感じた。

治療者側のこのような感情は、おそらく患者が示す複数の人格と関係している。治療者である私は、患者がより「小ぎれいな格好をして幸せそう」な様子をしていれば、そうした姿に気を引かれたり、操られてしまうというリスクを背負うことになる。週末にゴーカートに行くことを楽しみにしている彼の気持ちに対しても、むしろ共有したいと考えてしまう。彼が犯した虐待のことに話をもっていこうとするとき、自分がまるで彼を苦しめているかのような思いを抱くことがあるのだ。

患者である彼が、私と会うときに身なりを整えたり格好のいい洋服を着たりすることは、私を喜ばせて、不愉快な質問を受けたり、辛いことを思い出すように言われることを避けるための無意識な企てなのかもしれない。

私自身の本来の仕事を行うことが、患者を苦しめてしまっているという申し訳ない気持ちにつながってしまうのは、おそらく彼がネグレクトや裏切りなどを受けるなかで抱えてきた重荷や、彼の脆弱性を治療者である私自身がかわいそうだと感じているからであろう。愛されたい、自分のほうを向いてほしいという彼の切望を感じてしまうのである。

嫌悪感

強い嫌悪感を抱くなかで、警戒しながら「それは彼が太っているせいじゃない」と私自身に言い聞かせる。さらに悪いことに、彼は非常に特殊な声のトーンのもち主である。冷たく、油っこくてゾクゾクするような声——まるで、その声で私がマッサージをされているような感じがする。

彼が私の肌の内側に入り込んでくる。私は、できるだけこっそりと彼から遠ざかる。私の身体をジロジロと凝視しながら、彼は恥ずかしげもなく事細かに自分の話を進める。私的な領域に入り込まれたような気がして、私は少し不快な気分になった。

彼が実際にやったことに対して、私自身が心の中でもつイメージから逃れることはできない。Mの肛門に左手の中指を突っ込み、血が流れるほどのダメージを負わせたのだ。そのイ

―メージに私は追いかけられ、嫌悪感を抱いてしまうのだ。

子どもに対する性的虐待は、それ自体が不快なものであるが、それを描写したものもまた非常に不快なものとなる。犯罪行為を扱う者として、私たちは虐待行為について詳細に書かれた調査報告書や判決を読む機会がしばしばある。そこでは、感情移入することなく法的な客観性のもとで説明がなされている。だが、それらにおいては、体液、陰毛、性器、身体の開口、皮膚の襞や外傷といった言葉が、子どもの日常生活におけるありふれたもの、たとえば運動着入れのバック、朝ごはんのシリアル、小遣い、歯磨き、寝る前の読み聞かせなどといっしょに描かれているのだ。

これらの記述に連関がつくられることで私たちは不快な気持ちになり、嫌悪感を抱くようになる。このような背景のもとに不快な感情が容易に生じるのだが、すべての患者に対して一律に生じるのではなく、むしろある特定の患者との間で生じやすいという傾向がある。なぜそうなるのか、これについて考えることにも意味がある。

治療者に生じる強い嫌悪感は、結局のところ、患者自身が自分のことをどのように感じているのかということと関連している、と私たちは考えている。性的虐待や尊厳を傷つけられる処遇を受けたことがある場合、そのこと自体が彼自身を映し出していると考えることがある。ネグレクトされり、拒絶されたりしたと感じた場合、自分に対して「醜くて、バカで、むかつく」という感情が連想され、その結果、不快な言動につながっていくというのが一般的な反応である。治療者の強い嫌悪感を患者が喚起するという背景には、こうしたことがあるからと考えられる。

患者に対するこうした感情を建設的に利用するための方法は、患者自身が自分のことをどのように感じているのか、そして他人からどのように見られているのかと考えている様子に関心をもつことである。

汚れた親父

挑発的ではあるが、ほのめかしにすぎないイメージは、真剣でナイーブかつ感覚的で直接的な話のなかに登場する。私が怯えるのは、性的空想としか表現できないものが私のなかに芽生えるときである。禁じられたタブーであるにもかかわらず、彼の話から湧き出てくるイメージを思い起こしてしまい、自分のなかで想像することが抑えきれないのだ。私の頭に浮かんでくる質問は、いかがわしく「淫らな」ものにしか思えない。自分が「汚れた親父」のように感じられ、黙っておくことにした。

治療者が、若年加害者のさまざまな状態に対して共感を示すことは簡単である。たとえば、本人の脆弱性、混乱や認識障害、不安の克服に向けた必死の努力、反復強迫に対して、あるいは若年加害者が憎しみや仕返し、抑制、権力を必要としたり、好奇心からのナイーブな試みをすることに対してなどである。これらに対して理解を示すことで、私たちは自分自身の欲望や性的空想と距離を置くことが可能となる。

だが、「そうでない場合もある」と認めるにあたって、恐ろしい気持ちや恥ずかしい気持ちになることがある。性的虐待はセックスと関連しており、当然ながら話される内容は私たちの心の中にイメージをつくりだしてしまう。こうしたイメージが私たち自身の欲望やセクシュアリティを呼び起こしたとしても、パニックに陥る必要はない。そうしたことは私たちの仕事の一部なのであり、率直さや内省が求められるものである。恥じ入る感情もかかわっているが、それよりも、自分自身そして患者をどのように理解するべきかという問いと関連づけながら発見していくことが重要である。

なぜ、特定の患者との間で、不意に自らの性的空想が呼び起こされることがあるのだろうか？この問いに対する答えが常にあるわけではない。可能性の一つとして、患者によっては境界を欠いていたり、性的な親密性をもつ傾向があることと関係している点が挙げられる。そうした関係は、治療者との間のみならず、被害者との間にもいえる。このような感情を踏まえておれば、私たちは実際の虐待現場で何が起こったのか、加害者本人が被害者にどのように接近し、「誘惑」し、コントロールしていったのかについて理解することが可能になる。

さらにいえば、会話が性的な内容になってきたと感じたとき、患者自身がまさにその会話をすることによって性的欲望を満たしていないかどうかと疑う必要がある。治療者が治療を目的とした会話として捉えようとしているときでも、患者からすれば「下ネタトーク」でしかない場合があるということだ。これらを言葉で表そうと努力することは治療者にとって非常に難しい作業となるが、重要な仕事である。

優しさ

彼は、自分が座っている椅子の肘かけから出たほつれた細い糸を、左手の親指と人さし指でもてあそんでいる。

♪あなたから断られて、僕は不機嫌になる。
あなたは偉い人、僕は自分を見失った人間。
僕を導いてくれたと思ったら、行ってしまった。
あれこれ言わずに信じてよ。

電話したのに断られた。
僕は一人ぼっち。その代償を払ってもらったんだ♪

彼は私のためにラップを歌う。彼自身がつくったラップだ。リズムに合わせて彼の膝が上下に揺れている。手には、歌詞の書かれた紙がある。その紙のヘッダーには、「世界自然保護基金」という文字がパンダの絵といっしょに記載されていた。

静かになった彼は窓の外を見ている。その視線の先には、物憂い一〇月の霧と霧雨が見える。もう少ししたら、彼は車に乗って閉鎖された収容先に連れ戻される。彼の、現在の生活拠点に。

私は、ふと目の前にある自分の息子の写真を見つめた。二人の外見がよく似ていることに気づいて驚く。ゆっくりと彼の手を握り締め、窓のほうに連れ出す。私たちは、屋根の上で漂いながら、もう二度と戻ることはない……。

私たちは、目の前にいる少年の優しさに驚くことがある。時には、すべての悪から守ってやらなければならないという義務感すら喚起させられることもある。私たちが対応する少年たちは脆弱で、なおざりにされ、強い愛情を必要としている。自分が何を必要としているのか、強いシグ

ナルを発してくる。要するに、これから幸せに暮らせるように、いろんなものを取り除いてくれる誰かを欲しているのである。

彼が犯した性的虐待については、少なくともしばらくの間は横に置いておくか、あるいはその虐待行為を、彼が置かれていた理不尽な生活環境がもたらした当然の結果として捉えたいという気持ちにさせられてしまう。

ボーイズ・クリニック内の椅子

こうした私たちの感情を、専門的に活用するにはどうしたらよいのだろうか？　ここでも、単一的な答えは存在しない。仮説を立てて考察していくことが必要になる。

気づかぬうちにごまかされていたり、操作されたりしている可能性もないわけではない。だが、同時に考えられるのは、そうした状況は自分の答えを求めてもが<ruby>く<rt>ヽ</rt></ruby>ことができるようになった患者と対峙していること、そして、それは治療が患者にとって意味のあるものとなっていること、つまり正しい道を進んでいるというシグナルである可能性が高いということだ。

加えて注意すべき点は、私たちが対処しようとしていることは、私たち自身が喪失したものではないということである。愛情を必要としている見捨てられた子どもを前にして、私たち自身の内にある記憶が呼び起こされることがある。自分が失ったものや裏切った行為に対して埋め合わせをしなければならないという使命感は、特定の子どもと対峙するなかで生じる場合があるということだ。

このようなとき、私たちは専門性というよりは、むしろ優しさや親切な気持ちをもって対処するようにしている。ここで私たちが自らに問いかけなければならないことは、この表現は誰にとって必要なのか、患者のためにベストを尽くすにはどうすればよいのか、という二つの問いである。

不安

彼は拳で椅子のふちを殴った。かなり苛立っている。一瞬、彼が私に殴りかかってくるのではないかという不安に駆られ、防御するものが何か周りにないかと探してしまった。しかし、待合室で警備員が待っていることを思い出して私は安堵した。

最初に出会ったとき、彼はかなり威張った様子をしていた。わずか一五歳の少年だが、私と同じくらいの体格をしており、九〇キロのベンチプレスを持ち上げることができるという。

だから、私は彼に対してこういう反応をするのだろうか？　虐待をしているときに被害者がどのように感じたと思っているのかと質問する代わりに、できるかぎり丁寧な口調で「ウェイト・トレーニングはうまくいっているのか？」と質問したのである。

不安が正当化しうるものか否かにかかわらず、時に治療者は自分の身体上の安全が脅かされていると感じることがある。患者が大きくて強そうな体格をしていれば、そうした感情はさらに倍増する。もっとも現実的な説明としては、治療者が反応しているのは患者自身の不安や無力感であり、彼自身が抱える内的・外的脅威に対する警戒心であるということだ。たとえば、制御不可能な攻撃性、ボディービルディング、脅迫的な言動といったものは、自分が無防備で、極めて脆弱な「小さい」存在であるという心の感情に耐えきれないために原始的な防衛方法として機能してしまう。

治療の場において治療者が身体上の安全に対して恐れる気持ちを抱くということは、治療者自身が患者に対して挑戦的で、「脅迫的」であったことを示している場合もある。すなわち、保護や安全を必要としている患者の状況を十分に考慮せず、彼の脆弱性に挑戦したことを意味する。例に挙げたように、治療者が自分の感情に怯え、その感情から逃れるために患者とナンセンスな会話をしようとしていた事例は、まさにその代表となる。

無神経

透明だ、と思う。彼は、まるでガラスのコップでできているかのように透明になってしまった。そのうち、粉々に砕け散ってしまうだろう。私は、自分がますます無神経な人間になっているように感じてしまった。

以前は自分のことを正当化しようとしていた彼だが、もう今では、同じようにしようとはしない。かわいそうに思えてくる。以前の彼の嘘、言い訳、言い逃れが恋しくなってきた。嘘や言い訳を伴っていた彼は、ある意味で逞しかった。今の彼は完全に打ちのめされている。

私は混乱しはじめた。まずいことをしてしまったのではないか？　そのとき、トランプで遊んでもよいかと彼が聞いてくる。私は安堵のため息をついた。

「何のゲームをする？」という彼の質問に、私は単純なゲームしか思いつかなかった。

治療者であるにもかかわらず、患者を助けるどころか、むしろ傷つけているのではないかと感じることがある。本人がどうしても話したくないことを頑なに扱い続けることで、患者を苦しめているのではないかと感じてしまうのである。

打ちのめされた小さな子どもを目の当たりにして、急に自分が力をもった偉そうな人物であるかのように思えてくる。実は、こうしたケースの場合、治療において一定の進展が患者に見られたことを示唆している可能性がある。つまり、治療者との関係によって信頼が築かれ、否認や防御が弱まったと見ることができるのだ。それでも、こうした感情は注意や冷静な分析を必要とする。心理療法がいかに不安定で危険を伴うものになりうるのかという問題を私たちに教えてくれるからである。

憤怒

私たちは、ひどく残酷で卑劣な強姦を受けた一二歳の女の子に対して、賠償金として一二万五〇〇〇クローナ[1]を払うのが妥当かどうかについて話していた。

「せいぜい一〇〇〇クローナかな」と彼は言って、ニヤッと笑った。

「もし、それが君の妹だったら？」と尋ねながら、私は自分の声が冷たくなっているのに気づいた。

「妹なんかいないよ」と彼は言う。

そして、そっと自分の靴を片方脱ぎ、テーブルスプーン一杯くらいの砂利を床に振り落とした。

「君は間違いなく気づいていると思うけれど、私は君とは違う意見をもっているよ」と、私は歯を食いしばりながら彼に伝えた。彼の手にある靴を、蹴り落としてやりたいという衝動を抑えながら。

私たちを憤怒させるのは、性的虐待そのものというよりも、若年加害者が自らやった行為に対して取る態度や治療に対して取る態度、あるいは治療者である私たちに向けて取る態度である。私たちの怒りは、彼の怒りでもあると私たちは考えている。つまり私たちは、彼の怒りや失望と向き合っているということになる。感情をこのように理解すれば、治療において意味のある関係を築くための力となる。

だが、それだけではない。私たちは、自分のなかに存在するどうしようもない怒りとも向き合わなければならない。患者が突き放したような傲慢な態度を取った場合は、治療者は怒りを覚えることがある。つまり、患者の靴から取り出した砂利のように扱われているという気持ちにさせられるのだ。

（1）約一六二・五万円。一クローナ＝一三円で換算。

こうした怒りは、無関心や皮肉、あるいは無言のなかで生じることもある。怒りがあまりに激しく生じた場合、治療において必要となる関係を患者との間に築くことが困難になってしまう。「私たちの怒りは彼の怒りでもある」ということが真実であったとしても、私が感じる怒りは、患者との間で関係を築くための能力、共感、創造力の妨げになりえるのだ。場合によっては、「ミッション・インポッシブル（任務不可能）」としか表現できないような状況に遭遇し、治療を中止しなければならない事態に陥ることもある。

真実であるはずがない

彼は座るとき、ズボンの膝が伸びないように折り目をつまんで少し引き上げる。

「お元気ですか？　今日はちょっと疲れているみたいですね」

手提げ鞄の中に入っている紙を取り出しながら、彼が私に話しかけた。

「これ、もしかしたら関心あるかと思って持ってきました。こういうテーマを扱っているんですよね」

こう言いながら、持ってきた新聞記事を見せてくれた。その記事には「性の奴隷として売られる子ども」という見出しで、子どもが売春ツアーに従事させられている内容が書かれていた。彼は憤りを感じており、記事の内容について私と話をしたいような感じであった。

　これほど親切で行儀よく、きちんとした格好をしている少年が、女の子に対して信じられないほど残酷な強姦などができるはずがない、と私は思う。しかし、私が手に持っている判決文には、彼がその行為をしたことが疑いようもない事実として書かれている。だが、やはり理解できない。本当に、それは真実なのか？


　ある特定の患者に対して生まれるこうした非現実感は、私たちを戸惑わせてしまう。もしその事実を知らなければ、もし彼が話さなければ、彼が加害者であるとは想像もつかなかっただろう。目の前にいる少年と、その少年が実際に犯した行為があまりにもかけ離れていると感じられるとき、私たちはその感覚に飲み込まれそうになる。ここで挙げた事例のような経験は、私たちが引きずり込まれるという重要なプロセスについて理解するために重要となる。

　あまりにもこうした感情が強すぎて、真実の一部が分離してしまうようなことがある場合、若年者が犯した行為に対する記憶やかかわりが薄れているということを私たちは思い出す必要がある。被害者が性的虐待を自分の経験から解離させて「自分の外に」追いやろうとする場合があるのと同じように、加害者もまた、犯した虐待を解離状態のような形で追いやることがあると考えられている。

第18章 ある少年の事例

ジムがボーイズ・クリニックにやって来たのは一五歳のときだった。彼は、一二歳のころから複数の施設や里親家庭に預けられてきた。すぐに暴力に及び、深刻な注意欠如・多動性障害を抱えていた。社会的な適性を欠いており、暴力的な攻撃性を伴っていた。流されやすく、すぐに逃げ出す傾向があり、最終的に少年保護施設に収容されることになった。[1]

彼はまた、複数の深刻な性犯罪を行っていた。そのうちの一つは、六歳の男の子に対するものである。男の子を騙して洋服を脱がせ、マスターベーションの対象にしたのである。彼は、未成年の女の子に対する虐待に及んだこともあった。「脚をからませて愛撫しながら」、自分と同い年の女の子に対して強姦したのだ。その強姦は、残忍なものであったことが報告されている。

ジムが最初にボーイズ・クリニックの紹介を受けたのは、三つの評価面談のためであった。それらの面談は、彼が滞在していた施設で実施されることが予定されており、本人が治療に意欲的であるか否か、そして会話療法[2]を通じたかかわりをもって、自分がやったことに対する内省ができるかどうかを評価することが目的であった。

評価は治療プログラムへとつながり、その治療は最終的に三年以上にわたることになった。以下に記した文章は、治療者のノートをもとに構成したものである。

評価面談

最初の面談

緊張し、少し怯えてもいる。身分証明書を提示し、マッチや鍵を預けなければならない。防犯用アラームをわたさ

(1)　一一七ページの訳注を参照。
(2)　ここでは、心理療法と同義で扱われている。「トーク・セラピー」ともいわれ、うつ病の症状に対する治療のほか、さまざまな治療に使われている。

少年保護施設の外観　Ⓒ Statens institutionsstyrelse, Sverige

れる。しばらくすると、がっしりとした二人の警備員が彼を抱えるようにしてやって来た。私と握手をするが、彼は目を合わせようとはしない。円形のテーブルで向かい合って座る。彼は、想像していたよりも私が若かったという感想を述べた。

私は自己紹介をしたあと、ほかの面談の日程を伝えた。そして、私が今の時点で知っていることを話す。私の話を聞き、特段の反対や反抗をすることはない。彼の右足が少し揺れている。緊張しているようだ。自分の爪を噛んでいる。私が質問したことに対してそっけない返答が返ってきた。自分がやったことは「人間のくずがすることだ」という。とくに、小さな子どもに対してやったことはよくなかった、そして男の子と女の子の両方に対してやったこともよくなかったという。

だが、なぜ虐待をしてしまったのか、彼自身、その理由は分からないと述べ、強姦してからの記憶も曖昧になっているという。もしかしたら、そのときに張りつめた気持ちになっていたのかもしれない。あるいは、興奮していたのかもしれない。いずれにしろ、分からないのだという。

裁判では、親の目の前で恥じる気持ちになったという。現在、被害者がどうしているかは分からないといい、そのことに対して特段関心があるわけでもない、と述べた。被害者と会う機会は一度もなく、そのような機会があったとしても自分を恥じるだけだという。彼はさらに、自分のやったことがほかの子どもたちに知られるのではないかと心配している。すべてを忘れたいのだ、と彼はいう。しかし、次の面談を行うことについては合意してくれた。

二回目の面談

ジムは、部屋替えをしたがっており、私にその支援を求めてきた。年上の二人の少年が企てていた逃亡が失敗に終わったことに関係しており、二人の少年が彼をひどく殴ったのだという。職員との間でケンカになり、一人の警備員が怪我をして入院することになった。

二人の少年は警察での聴取を受け、施設に戻ってくるなりジムに対して暴力を振るったようだ。ジムは、自分の人生でこれほど怖い思いをしたことは初めてだったという。少年の一人がジムの首を絞めつけようとしたが、職員が入ってきてジムを救っている。

そのあと、私たちはジムの生い立ちについて話し合った。彼がこれまで起こした問題や、どれだけ多くの人が自分を怖がってきたのかということに対して、明らかに自慢げな態度を示した。とはいえ、声のトーンが変わるときもある。自分が犯した強姦のことについて、以前よりも多少だが詳しく説明しはじめた。強姦した相手に対する共感も見られる。無意識のうちに、自分のなかの脆弱性と関連づけているのだろう。

今回、私は防犯用アラームを受け取ることを拒否した。そのことについてジムは、よかった、と述べた。私の提案で、初めて二人でポーカーゲームをした。中立的な行為をすることで、彼はほっとした表情を示している。

面談のあと、少し嬉しい気持ちになった。おそらく、彼との関係を築けそうな感じがしたからであろう。私との関係を築くことが何をもたらすのかと、彼は関心のある様子を見せていたのである。

三回目の面談

ジムがひどいケンカをして、部屋をめちゃくちゃに壊してしまった。彼が壊したバラバラの家具が置かれた事務室で、私は彼との面談を行うことになった。

彼がケンカのはじまったきっかけを説明する。ほかの少年が彼のことを笑ったのだという。沈黙のあと、彼は今すぐ、そこにある邪魔な木製の脚で私を殴ることだってできるのだという。

少年保護施設の室内　Ⓒ Statens institutionsstyrelse, Sverige

そうだね、と私は返した。怖い気持ちにはならない。なぜなら、その状況は怯えるというよりは悲しいものであったからだ。ケンカについて話すことで彼は混乱し、攻撃的になっていたが、次第に落ち着き、面談を続けられるようになった。

私が、「もしよければ、ジムの両親と会いたい」というと、そのことを認めてくれた。次に、自分が犯した性的虐待のことを書いて私に教えてほしいと伝えると、わずかな記述しか見られないものの紙に書き起こしてくれた。

「地下室の床でセックスした……」

素早く、投げやりな態度で書く彼に対して、私は真面目に書くように注意した。すると、その事件に対して、彼が罪の意識を感じている兆候を得ることができた。ジムは無意識に、ある表現を修正しようとしたのだ。女の子は、自分のことを「惚れているように見えた」、強姦は女の子が「求めてきたもの」だったというように。

彼が書いたことについて話し合っていると、ある時点で彼が話をつくり上げて、その話を増幅させていることに気づいた。私の質問に対して彼は、同じことが再び起きるのではないかと心配することがある、と答えた。

「もう一度やってしまったら、もう終わりだ」と彼はいう。「そしたら、俺は刑務所行きだ」

治療者による評価面談後の考察

私が想像していたよりも、ジムが否定する態度ははるかに弱かった。ジムにとって、治療が役立つのではないかと思われる兆候がいくつも見られた。とりわけ、彼は自分がやったことについて、たとえ部分的であっても、自分の言葉で説明する機会を必要としていることが分かる。加えて彼は、同じことを繰り返してしまうのではないかという懸念も示している。つまり、自らの罪を認めており、被害者が当時どのように感じたのか、被害者の立場で考える能力も兼ね備えているように思われた。

私自身、彼とはよい関係を築けるような気がした。彼のほうも多少の好奇心を見せており、自分自身について話すことに対しても、まったく興味がないわけでもないようだ。それゆえ、彼と治療に臨むことにした。

治療の枠組み

ジムとは一週間に一度会い、一回につき四五分間の治療を行うことにした。施設の職員に対する私の関与は、オープンで率直なものにする必要があった。それは、ジムと私の関係という私的な側面に関してではなく、彼の治療の進捗にかかわる私たちの総合的な意見や考え方についてのことである。同様に施設の職員にも、ジムの治療に関連すると考えられることについて、定期的な会合の場で私と共有してもらうことにした。その結果、管理職の立場にある職員と私との間で定期的な連絡を取ることが決められた。

ジムが住む自治体の社会サービス局の職員や、彼の両親が参加する定期的なネットワーク会議も計画された。計画的な開示性の戦略を立てることで、性的虐待にしばしば付きまとう「秘密」や「沈黙」といった暗い雰囲気に、風通しのよい空気や光を当てることができる。

私は、隔離、一時帰宅措置、特別許可など[3]、ジムを取り巻くさまざまな制約にかかわる判断について相談を受けることになった。たとえば、ジムは体育館以外では靴を履くことが認められていない。というのも、逃亡のリスクが高いと見なされているからである。ボーイズ・クリニックに来る場合も、常に職員が引率しなければならず、その職員は診察の間、待合室で待機することになっていた。

私は、治療期間として少なくとも三年は必要であろうと考えた。こうした治療の枠組みは、関係者全員で議論し、承認されている。

（3）　特別許可とは、当該少年の自由な行動を特別に認めることである。たとえば、インターネットやテレビの視聴や電話をかけるなどの行動が挙げられる。

契約

「この治療の目的は、君が自分自身のことや自分が行った性犯罪についての理解を深め、二度と性犯罪をしないためのものだ。私たちは、これから多くのことを話し合う。そして、君には宿題や課題が与えられる。それらに取り組むことは、今の君にとってもっとも重要なことだよ。だから、少しくらい体調が悪くても、ここに来てもらいたい。治療はほかの何よりも優先されるものだから。私たちはこの部屋で週に一度、四五分ほど面会することになる。できるだけ正直な気持ちで、率直に話をしてほしい。もし、私に対して苛立っても、暴力に頼るべきではない。ここで君が話すことは二人だけの秘密だ。外に漏れることはない。ただし、ほかの人と議論するべき事柄も出てくるかもしれない。そのときは、ほかの人に話す前に君に相談する。君は治療を受けることを命じられたのだから、受けるか受けないかの選択肢はそんなに残されていない。この治療は君が取り組むべきことであり、その取り組みに数年はかかるだろう」

私とジムとの間の契約はおおよそこのようなものであり、ジムはこの内容に対して、少なくとも言葉では受け入れた。

治療の初期段階

何度か面会し、「ハネムーン期間」は終わった。ジムは率直な態度を示し、面会の日を待ち望んでいた。虐待に関してはあまり話さなかったが、虐待以外に関するこれまでの人生については積極的に、詳しく話してくれた。

「俺はこれまでじっと座ることができたためしがない。いつも、いろんなことに対して面倒くさくなってしまう。何かを終わらせるということに成功したこともない。いろんなことをはじめたけど、さっきも言ったように、すぐに投げ出してしまう」

今日、ジムはかなり遅れてのんびりやって来た。外のベンチでタバコを吸いながら話したい[(4)]という彼の要望に対して、私は契約の内容を再度確認させた。その内容とは、面会はこの部屋で行うべきであり、トイレ以外に部屋を出ることは認められない、というものである。

これを聞くと彼は苛立ち、その苛立ちが私にも波及してくるのを感じた。私は、この治療をや

（4）　スウェーデンでは、一八歳以下の未成年に対するタバコの販売は法律で禁じられているが、喫煙年齢を定める法律は存在しない。

り遂げたい。彼が私との面会を継続したいと思ってほしい。彼の悪い側面を引き出したくはない。ジムのような少年と向き合うとき、厳しく要求ばかりする人間にならざるを得ないという現実に対して辛い気持ちになる。意地悪になりたいわけでも、頑固になりたいわけでもない。彼がやりたいようにさせれば、もちろん事は簡単にすむだろう。だが、ジムの場合には制約を設けて、それを守らせることが重要だと考えていた。

ジムは椅子に座り込んで、大きなあくびをした。そして、今住んでいるところがつまらないこと、職員が規則でガチガチに縛りつけていることなどを話した。

「とにかく、全部むかつく」

そして、二か月前に通学が認められた学校も辞めたいという。

以前の会話のなかで、ジムはスポーツコーチになりたいといい、そのために頑張って学校に行っていることを話してくれていた。そのことをジムに思い出させながら、私たちの会話は、待つことや忍耐力についての話題へと移っていった。

「君は、待つことを学んだほうがいいと思うよ。訓練しなくちゃ。上腕二頭筋だけじゃなくて、忍耐力や持続力も」

彼に対して挑戦的に立ち向かったのはこれが初めてかもしれない。

私たちは、スポーツコーチになるために必要だと彼自身が考えていることを検討していった。

三年生以降、ジムはほとんど学校には行っておらず、今になってその穴埋めをすることがどんなに大変かについて理解しはじめている。彼が落胆する様子がうかがえた。ようやく、彼は少しぞんざいな態度で現実と向き合うようになった。そのような現実に対して、かなり不安を抱いていたのである。

ここで私たちは、「ライフライン」という練習に取り組むことにした。大きな紙を用意して直線を一本書き、ジムの誕生からはじめて大切な出来事や記憶を書き込んでいくのだ。彼の学校生活が、いかに不十分なもので、問題の多いものであったかが明らかになった。彼がなりたいといったスポーツコーチになるためには、かなり長い道のりを歩まなければならない。どれほどの忍耐力や持続力が必要になるのかについても明確になった。

治療者による考察

ジムは、素朴で非現実的な世界観をもっている。落ち着きがなく、忍耐力ももち合わせていない。過度な落胆や失望をさせないようにする必要があるものの、挫折を経験したり、失敗に対処することを学ぶべきである。これまで、彼の激しい怒りや暴力を招いてきたのは、自身の弱点である持続力の欠如やフラストレーションに対する弱さであったといえる。

ジムの治療に向かうときに私が重視していることは、毅然とした態度で一貫性をもちながら愛情を込めて、彼の感情を抑えようとすると同時に、彼に対して挑戦的に立ち向かったり、自信をもたせようとすることである。これらによって、同一人物との関係のなかで異なる態度が含まれていることを彼に示す必要があった。

このような考えのもとで、ジムの「とにかく全部むかつく」という感情に対して私がどのように対応したのかについて述べておく。

「君の自由が奪われたんだね。確かに、それはむかつくよね。そう感じるのも無理はない。こうした感情や、今君が抱えている気持ちについていっしょに検討していこう。そういう感情や気持ちを理解しようと努力することで、君の自由を取り戻そう」

ジムの治療に取り組むなかで、確固たる専門性と相手に対処する優しさの間をきっぱりと区別する必要性を認識した。彼と向き合うためには、これらの態度における繊細なバランスを習得する必要がある。

ネットワーク会議

大きな問題を抱えた子どもの両親と初めて面会するときはいつも気を遣ってしまう。よそよそしく張りつめた雰囲気のもと、私たちがまず口火を切る。当たり障りのないのない言葉でジムの日常生活について話す。あまり意味のないことを話しているなと感じたとき、ジムの母親が核心に触れる話をもち出してきた。

母親は、施設での滞在が耐え難いほど苦痛であるということをジムから電話で聞き、心配している。ボーイズ・クリニックでの診察のあとにも嫌な気持ちを抱えるとジムから聞いているといい、実際のところはどうなのか知りたいという。

この話を聞いて、ジムはきまりの悪そうな表情をした。私たちは専門家として、彼のことをどのように考えているのか、その理由は何かを説明している。

施設の職員は、彼のことを攻撃的で神経質だと説明した。施設にいるほかの少年との間で何度も衝突したこと、朝なかなか起きようとしないこと、学校にまったく行っていないこと、それ以外の選択肢を受け入れようとしないこと、治療に対する関心もなくなり、会話療法も意味のないものだと考えていること、自分が犯した性犯罪について誰にも話そうとせず、直接的な質問に答えるときも被害者に責任を押し付けていること、とりわけ、同年齢の女の子に対する強姦については、「向こうから求めてきた」という態度を示し、深刻なものであると認めようとしないこと、年少の子どもたちに対する虐待については、一切話そうとしないこと、といった内容である。

現状に対する私たちの否定的な描写についてどう思うかと、ジムに尋ねてみた。彼は、軽蔑のまなざしを向けながら鼻で笑い、別にどうでもいい、といった。

「ここで俺の時間を費やせば、結果オーライってことだろ」

このようにいう彼に対して、グループの誰もが反対した。このままでは、「すべてうまくいくわけがない」。両親も同じように考えており、悲しげな表情でジムの将来を案じていた。会議が終わって、解散するときの雰囲気は重苦しいものであった。

●治療者による考察

「あなたの息子さんが犯した罪は非常に重いもので、彼は危険な状態だというのが私たちの共通した評価です」

ジムが犯したことの深刻さを両親にはっきりと理解してもらうためにこのような説明をするのには痛みを伴うが、必要なことであった。

会議の焦点はそこにあった。ジムにもっとも近い立場にいる両親が、彼の犯罪の深刻さを否認するのに力を貸すのではなく、必要な専門的評価や治療の目的を理解し、支援をしなければならない。それは、ジムにとっても私たち治療チームにとっても重要である。ジムが施設で暮らしながら治療を受ける間、両親もまた、親としての役割を果たしていくために専門的な支援を必要としている。その支援は、ボーイズ・クリニックで提供することになった。

「俺は変態なんだろ」

ネットワーク会議から二か月後、ジムが初めて私に電話をしてきた。いろいろ考えているようで、次のネットワーク会議がいつ実施されるのか知りたいという。四か月後かそれ以降だ、と私は伝えた。

「よかった。それまでに少しは進めるね」と、彼は返答した。

次の面会時、ネットワーク会議で両親が自分に同意してくれなかったことにショックを受けたとジムが話した。以前は、自分とかかわる人に対して悪くいったときでも自分の味方になってくれていたという。

「今は、俺の人生がどうなるか不安に思ってるみたいだ」といい、「自分が『汚れてむさ苦しいペドファイルで強姦者』とみんなに思われるのはしんどい」と続けた。そう思われることは正しいのか、という私の質問に対して彼は次のように答えた。

「いや、正しくない。だけど、俺は確かにそんな恐ろしいことをやったんだよ。俺は変態なんだろ。誰よりも強くて乱暴者の俺が、あんな卑劣なことを小さい子にやったんだ。最悪なのは、ピーターにやったことだ。あんなにブクブクして太ったチビを襲ったんだ」

そのあと、ジムは五件の虐待事件について詳細に書き留めた。当時六歳のピーターと三回マスターベーションゲームをしたこと、ヨハンナの性器を一度いじったこと、当時、ヨハンナは九歳でジムが一五歳だったこと、浴室のそばの脱衣所の床でリンダを強姦したこと、リンダに対して暴力は振るわなかったが、床にねじ伏せて下着を引き裂いたこと、などである。

私は、彼が書いたこれらの記述を声に出して読んだ。そして、「トランプをしよう」と提案した。

治療者による考察

「これまで友達ができたことは一度もなかった。俺のことをみんな怖がってたんだ」と、あるとき彼がいった。自分の犯した罪が、自身の孤独や脆弱性と関連していることを感じはじめているのだろうか？　加えて、ジムを支えるために構築した枠組みがいくつかの点で非常に重要になりつつあると私は考えた。

ボーイズ・クリニックでの会話療法が終わった直後、彼が施設で取り乱して、怒りを「爆発」させたことがある。自らを空間的に隔離しようとしているかのようであった。どのような手段もうまくいかなければ、施設の職員もそのように対応せざるをえないときがある。

とはいえ、ここ最近、ジムは人に対して暴力を振るうことがなくなった。矛先は、人ではなく施設の備品に向かい、何度かそれらを壊してしまうということが起こった。以前は自分自身を制御することができなかった彼が、できるようになりつつあるかのように思えた。

周りの人間が自分の内にある怒りや絶望を受け止めてくれると理解すれば、その人たちを信頼する姿勢も見せはじめているようにも見えた。私たちの会話のなかで、ジムは深く悲しんだ表情を見せることがあり、何度か泣くこともあった。

専門家として、そして一人の人間として、私はジムに心を動かされることが多くなっていった。彼の内にある暗闇の扉をわずかでも開いてくれるとき、私に対して寄せてくれる信頼に元気づけられ、気持ちが揺さぶられた。彼がますます小さくて、幼い子どものように見えてきたのだ。

施設の職員も同様の意見をもっている。彼らによれば、ジムは施設内のほかの少年たちから次第に距離を取るようになっているという。彼はむしろ、大人といることを好み、素直な態度でかかわりをもとうとしているのだ。ジムの両親もまた、息子の変化を感じ取っている。時々ジムから電話があり、たわいもないことを話してくるのだといっていた。

ジムのこうした変化は、何よりも私との間で築き上げた絆が関係していると考えられる。彼について関心をもち、真剣に受け止め、制限を設け、そして彼に立ち向かう人が存在するということが重要なのだ。加えて、自分が犯した罪がどのような心理的、社会的、法的な影響を及ぼすのか、性犯罪に対する社会のまなざし、再犯の場合に刑法がどのように適用されるのか、といった点について理解してもらうことにも意味がある。

私たちの会話は彼の将来にも及んだ。教育を受けること、仕事を得ること、家族をつくることなどだが、こうした話になると彼はふさぎ込んだような表情になった。

彼自身がやったことについては、私に対しては詳細に話したり、描写できるようになりつつあった。彼にとって、私の存在が重要になりつつあるようだ。そのような状況において、彼が罪の意識や恥じ入る気持ちによって苦しみはじめていることも私は感じるようになった。とはいえ、彼の精神的な状態が定期的に悪くなることがあるので、そのことが今後どのように影響してくるのかと懸念しているところである。

二度目のネットワーク会議

ジムが治療を開始してから一年以上が経過した。全体として見れば、ここ数週間、彼が適切で責任ある行動を取ってきたことに対して関係者はかなり安堵している。今日、この会議が終わったあと、両親が彼に同行して施設を訪問し、ケースワーカーと最初の一時帰宅についての計画を相談することになっている。

施設の職員が、前回の会議以降、施設内で起こった出来事について詳細な報告をした。残っている課題として挙げられたのが、ジムの知識ギャップについてである。ジムを担当する教員によると、彼はディスレクシア(5)という障がいを抱えている。この障がいや以前に見られていた精神神経障がいについては、児童精神療養センター(6)で詳細な検査が実施されることになった。

私は、ジムが以前よりも真剣な態度で治療に取り組んでいると説明した。自分に対する制御ができないという問題を抱えていることを、彼自身が理解しはじめているのだ。

「施設に入れられてよかったと思う。やらかしていたかもしれないと考えると恐ろしい」といいながら彼は、私との会話療法で出てきたさまざまな性暴力にかかわる思考や空想について話しはじめようとした。だが、私はそれを遮った。率直性にも制限を設けることが必要であると考えたからである。

ジムの母親が、一時帰宅したときの再犯リスクはどのくらいかと尋ねてきた。この質問に対してジムが、「まあ、一〇パーセントくらいかな」と答えた。

会議に参加している誰もが、ジムの答えに驚いた。温かい雰囲気のなか、涙を流している母親を見て、ジムも心を動かされたようだ。母親は、ジムがちょっとでも変わってくれたのを見て安心したという。そして、会議は終了した。

---

(5)　文字の読み書きにかかわる困難をもつ疾患であり、脳機能の発達に問題があるとされている。日本では、「発達性読み書き障がい」と呼ばれることもある。

(6)　一三五ページの訳注を参照。

治療者による考察

ジムが前向きに変化しつつあることは誰もが認めるところとなった。だからこそ、若年者保護特別法(7)のもとで課された強制的なケアは堅持されることが重要となる。つまり、治療を続けるか否かという選択肢をジムに与えるべきではないということだ。だが、私はむしろ、ジムに課されている制約や厳しい制限にかかわる問題について考えるようになった。

彼は、強化ガラスで造られた窓のある部屋に閉じ込められている時間を除いて一人になることはない。映画を観たくても、終わるのが夜の一〇時以降であれば最後まで観ることは許されないのだ。こうしたことからもたらされる苛立ちやフラストレーションがあるとはいえ、彼はその状況に耐えることができるようになりつつあるように思われた。

だが同時に、私は困った気分になっている。厳しい態度を多少は和らげるべきときに来ているのではないか？　彼の自由に制限を設けることは、彼の犯罪行為に対して必要となる懲戒処分なのか？　それとも、破壊的な報復行為なのか？

まもなく、ジムにとっては初めての一時帰宅となる。自分が生まれ育った場所に初めて戻るのだ。そのことは、彼にとってどのような意味をもつのだろうかと私は自問する。その町で、彼は悪名高い存在として有名である。彼は「強姦者」なのだ。昔から彼のことを知っている人たちには、彼自身が今どのようにして自分と向き合おうとしているのかについて知る術もない。そうした人たちと出会うとき、彼はどうなるのだろうか？　やはり心配である。

難局

二度目のネットワーク会議が終わって数週間後、決定的な挫折を迎えることになった。しばらく施設の職員とも連絡を取っておらず、重大な何かが起こりそうだということに私は気づいていなかった。

一時帰宅は順調にスタートした。だが、ジムの誕生日祝いのために計画された親族との集まりのなかで、ある問題が生じたのだ。親族の誰かがジムへのプレゼントとして携帯電話を持ってきたため、ケースワーカーが介入せざるをえなくなったのである。

「持つことが認められていないこと、分かっているよね……」

親族もジムが抱えている問題を知っていたが、その夜はそうした問題に触れようとしなかった。ジョークをいいながら明るく振る舞っていたジムも、ケースワーカーと二人きりになるや否や携帯電話の問題をもち出してきた。ケースワーカーは断固とした態度を取り、その場の雰囲気が険

（7）　一七五ページの訳注を参照。

悪なものとなった。

施設に戻ったジムは、ほかの少年とケンカをはじめた。隔離され、二四時間後に出てきたとき、彼は話すことができない状態になっていた。また、携帯電話を持つという決意に関しては固持していた。

ジムはボーイズ・クリニックでの会話療法を受け続けており、とくに変わったことは見受けられなかった。ただし、今振り返れば、「トランプをやろう」と彼が提案してくるのが早くなっていたことに気づいた。そして突然、「ボーイズ・クリニックに行かない」と施設の職員にジムが宣言したのである。

治療者による考察

ジムは、これまでの人生のほとんどを衝動に任せて行動し、やろうと決めたことの多くをやめてしまっていた。そして今、彼は再び「投げ出そう」とする姿勢を見せた。自分がいかに他人や自分自身に対して誤った態度を取ってきたのか、そして自分がどのような問題を抱えているのかという考察や責任から。

自宅に一時帰宅したジムは、再び昔の自分に戻ってしまったかのようであった。治療のなかで彼に課せられてきた規則や規制、あるいは支援の枠組みを我慢して受け入れることができなくなってしまったのである。

今の彼は、自己嫌悪に対処できないことに対して、攻撃や反抗を通じて自らを誇大化して見せつけることで埋め合わせをしているかのように思える。自分の能力や選択を理想化し、過大に評価しているのだ。

「デンマークに行ってからアメリカに行くよ。そこなら面倒な手続きもいらないし、すぐに仕事を見つけることができる。たくさん稼いで、一年後には家とか車も手に入るよ。運転免許も必要ない……」

私が表現してきたこと、つまりニュアンス、親密さ、誠実さ、忍耐力、現実性、日常生活、これらすべてを受け入れることができなくなってしまったのだ。それゆえ、私と会うことを拒否したのだと解釈した。

強気の発言

ジムがいる施設まで会いに行くことを私は決意した。もちろん、その行為は、私たちの契約における基本的なルールを破るものであることは十分に承知していた。

私と会ったジムは、ムスッとした無愛想な表情で非協力的な態度を取った。

「お前なんかうせろ！」

話したがらない彼に対して、そうしなければならないのだと私は伝えた。

「それは君がやらなければならないことだ」

「何で？」という彼の質問に対して、治療を受けることは命じられたものであり、ボーイズ・クリニックでの治療もその一部であると伝えた。

「君と私との間で到達目標について合意したよね。まだ、その目標にはほど遠いよ」

同時に私は、私だけでなく周りにいる人たちはみんな、道のりはまだ長いけれども、ジムがよい方向に進んでいると思っている、ということも伝えた。ついに、ジムが何かを口にした。自分もまた、よい方向に変わったと考えている、というのである。

「じゃあ、治療をやろう。その携帯電話のことについて話して！」

抑えきれずに、ジムが涙を流しはじめた。自分という人間を追い払って、やりたいことをやって、欲しいものを持つことができる普通の人間になれたらどれほどいいだろうと、悲鳴に近い口調で叫んだのだ。

「規則は全部嫌いだ。自分がこうなりたいっていう姿を毎晩夢見てる。自分が買いたいものも。携帯電話、洋服、車……だけど、買えないって分かっている。いちいち誰かに聞かないといけないということがむかつく。週末に帰宅が許されたとしても、職員がいっしょに付いてこないといけないし。部屋を掃除しなかったら口座から金が差し引かれるし。(8) 電話も自分が話したい相手にかけられない。母さんと父さんだけが俺に電話をしてくるんだ……」

私たちは再び彼の孤独感について話し合った。別れ際、彼は泣きじゃくり、鼻を詰まらせた。私は改めて、その小さくて哀れな彼の存在に心を打たれた。たとえ、ベンチプレスで一一〇キロを持ち上げることができたとしても。

「また、木曜日にね」と、私は言った。

治療者による考察

明らかになったことは、ジムは失望し、落胆していたが、それを見せたくなかったということである。私と会い、もはやその感情を抑えきれなくなってしまった。若年者の治療に従事するにあたり、私たちはしばしば本人以上に大きな責任をもつことが求められる。規則を破ることは、この観点からいえば正当化される。私もまた、それによって彼のことを気にかけているのだということを本人に示したのだ。

(8) 治療プログラムの一環として、施設に収容されている少年には条件付きの日当が与えられている。規則を破ったり、施設内の用品を壊したりすると、その日当から一定額が差し引かれることになる。

だが同時に、彼が私と会うことを拒否したという目に見えない意図についても考えざるをえない。彼のことをどれだけ気にしているかを確認するために、私を試そうとしているのだろうか？もちろん、この点については次に会ったときに確認できるだろう。

今、進めている会話療法は、ジムが抱える孤独感と深くかかわっている。私は彼の状態について心配しており、元気でいてほしいと願っている。私自身が彼に対して抱くこうした願望や不安も、おそらく彼の孤独感と関連しているのだろう。

友達や女の子の話題

「友達がいる奴はうらやましいよ。どんなふうに付き合って、どういう会話をするんだろうな。施設で誰かとじゃれあうことはできるけど、どうせすぐに離れ離れになるって分かっているから、あんまり意味がない。それに、俺は自分がやったことをすごく恥じている。性犯罪歴がある奴に対して、自分のことを話したい気持ちになるときもあるけど、そんな勇気はない。だけど、そいつも俺と同じことを感じているんじゃないかと思うことがある。お互いに話せたらいいんだろうけど」

「施設で、可愛い女の子のことを話したりしないなんておかしい。禁じられたトピックになってるみたい。職員が、話してもいいって言ってるのは知ってるけど。お互いに友達のふりをして、嘘をつき合ってるんだよ。本当は一度もやったこともないのに、やったことがあるかのように話したり、一度も持ったことがないものを持っているように自慢したり」

「これまで会った奴は、みんな俺のことを怖がってた。奴らは勇気がなくて、いつも俺に付き従っていた。俺のことを気にかけて、親に電話した奴なんて一人もいないよ。あほらしい。親との会話にも飽き飽きしてきた。だって、意味のないことばかりだから。何をしてたのとか、天気はどうとか……。でも、ようやく友達ができたよ。俺のことを気にかけてくれて、俺が言おうとすることをそのまま理解してくれる。施設職員の一人なんだけど、ほかの職員より何倍もいい奴だよ。いっしょにいろんなことをやってるんだ。そいつはモーターボートを持ってて、今度、水上スキーを教えてくれるって。もしかしたら、そのうち俺にくれるかもしれない。速さは四〇ノットで……」

治療者による考察

ジムは自ら抱えてきた困難のせいで、周囲とのかかわりをもてなくなっていた。どうやって友達をつくるのか、どうやって友達との関係を保つのか、どうやって女の子と仲良くするのか――こういったことについて知らないのだ。

そのことは、私たちがエクササイズや簡単なロール・プレイをしながら、これらのテーマを扱うときにも明らかになった。こうした話題に対するジムの意見は、ほかの人がベンチプレスにいるときにバーベルを持ち上げるのを助けたり、気前よくレコードを貸してあげるといったようなものに限定されている。

ジムは、大きな体格や力、攻撃性などをもち合わせていたことから、これまで一度もいじめられた経験がない。ケンカや問題を起こすことで、社会に適合できない状態を埋め合わせてきた。親しい関係や友情よりも力や支配を獲得した。過ちを隠し、学校のことで親から「ガミガミ」と説教を受けるのを避けるために嘘をつくことを覚えた。

今、ジムはラルフという若い職員との「友情」にワクワクしている。私も驚いている。どのようなことがもたらされるのだろうか？　彼の感情は報われるのだろうか？

よき相棒ラルフ

ボーイズ・クリニックにやって来るジムの様子が変わりつつあった。以前の彼であれば、自分の容姿についてほとんど気にかけることはなかった。だが、今の彼は、新しくてきれいな、しかもカッコいい洋服を着てやって来る。また、ブリーフケースにシステム手帳も入れている。予約の日時をすべて手帳に書いて、スケジュール管理をしようとしていた。

私は静かに腰かけて、ジムが短期間のうちに「成長した」とメモ書きした。だが、彼のこうした意欲をそのまま受け取ることは難しい。過去に極めて特殊な状態下にあった青年と治療に臨んだ経験から、気持ちの変化が突然現れることを知っているからだ。今回の変化がどのような意味をもつのだろうか、と私は考えている。これに対してジムは、ラルフが助けてくれているのだと嬉しそうに説明した。

「いろんなことを話すんだよ。何時間も、将来のことについて話し合うんだ。ラルフの家にも何度か行った。俺に夏のアルバイトを探してくれるって。ウーロフ(9)よりも、ラルフのほうが俺のことを理解してくれるんだ。確かに、先生は優秀なカウンセラーだと思う。だけどラルフは、俺が親近感をもてるようなことを経験してきてる。たくさんケンカをして、学校でも大変だったって。ケア施設とのつながりもたくさんあって、若者のための入所施設を造ろうともしている。もしかしたら、俺も一年くらい経ったらそこで暮らせるかもしれない。今みたいに行動すれば、計画どおりにうまくいくと思う。そろそろエクササイズやる？」

---

(9)　治療者であるウーロフ・リスベリィのこと。

ラルフとともに

ジムが、治療にラルフを連れてきた。私に何か話すことがあり、ラルフにもそばにいてほしいのだという。心が多少揺らいだが、冷静になるよう自分に言い聞かせた。

「ラルフは、君といっしょに部屋に入ることはできないんだよ」

待合室で口ごもりながら、私はこのように言った。バカげたルールを掲げる鈍くさい治療者に対して、ジムとラルフがせせら笑いをしているかのように思えた。ジムはムスッとして、荒々しく部屋に入っていった。二人が私に話したかったこととは何だろう。

それは、推薦書へのサインを私にしてほしいというものであった。それから残りの一時間、ジムはむっつりと不機嫌そうな表情を見せた。唯一気乗りすることといえば、ト

ボーイズ・クリニックの待合室

ランプをすることであった。トランプは私が勝った。それがどれだけ嬉しかったことか。

私の意見に対して無責任な態度を示したラルフに対して、私は腹を立てている。そして、ジムに対しても苛立っている。私よりも影響力のある人物（ラルフ）のもとで、あらゆる問題の解決策をようやく見つけることができたという甘い考えで満たされているジムに対して。

治療者による考察

ラルフが素早い解決策をもたらしてくれる人物だ、とジムが考えていることは明らかである。それは、私がジムに対して与えることができなかったものである。さらにいえば、ジムのラルフに対する感情やそれを私に示してくる態度もまた、私がジムにとってどのような存在であるのかという問いに対する彼自身の矛盾した感情表現であると考えられる。私と距離を置いた関係であり続けるため、もしくはその関係を破壊させるためなのかもしれない。あるいは、私たちが築いてきた関係がどのくらい強固なものなのかを確認するためなのかもしれない。

新たな難局

激高したジムがクリニックにやって来た。待合室で話しはじめる彼の言葉を、私はぴしゃりと遮った。部屋に入るや否や、彼は叫びながら自分がどれほど失望したかを訴えた。

「あんたらアホたちが全部台無しにした。ラルフと、これまでみたいにいっしょにいることができなくなった。先生がやきもちを焼いたからにちがいない。ラルフと家に帰ったり、電話したりすることができなくなった。場所も移れない。あのくそったれ屋敷にそのままいろと。家に帰るときも、別の奴が俺に付き添うらしい。もう、どうでもいい。お前らみんなに思い知らせてやる。いつかそのうち逃走してやる。みんなくたばっちまえ！」

「分かった、ジム。みんなくたばっちまえとはどういう意味なのかな。誰が、どうしてくたばってしまうのかな？」

椅子に腰かけ、泣きながら鼻声でジムがつぶやいた。

「水、一杯持ってこい。コーラとかでもいい。もし、このくそったれセーブ・ザ・チルドレンってところにあれば」

冷蔵庫にあったコーラをジムにわたした。静かに腰かけ

ボーイズ・クリニック内のソファ

たジムをそっとしておく。時間が終わりに近づいたころ、私は次の予約についての話をもち出し、ジムが持ってきた紙にその日時を書き込んだ。

治療者による考察

私たちは合同協議のもとで、ラルフとジムの接触を制限させることに決めた。ジムは、その決定に対して失望していたのだ。彼は、はっきりとした理由を求めていた。確かに、理由があっての決断ではあったが、ジムがそのことを受け入れるのには時間を要した。

前回の携帯電話をめぐる問題で、ジムは自分が騙され、裏切られ、苛立った感情を抱えた。今回の状況がそのときと似ていることを、彼自身も思い出していた。周りに仕返しをするべく、あらゆるものをメチャメチャにしようという気持ちを起こすのだ。ジム自身、二つの出来事とそれに対する自分の反応が似ていることに気づいている。「誰が、どうしてくたばってしまうのか」と問われた彼は、それが自分自身によるものであり、自分自身がすべてを破壊しているのだと気づき、落胆したのだ。

何となくだが、私から何が得られるのかという不安を抱えていることを彼の内に私は見いだしている。彼が「くそったれセーブ・ザ・チルドレン」にあるコーラを要求したのは、まさにこうした不安を表現したものであったと考えられる。

この要求には、実際に私たちがコーラを差し出したという事実以上の象徴的な意味合いが含まれていた。はっきりとした答えが見つかったわけではないが、ジムが再び私との関係を築こうとしており、治療が再開できると私は結論づけた。次の段階での焦点は「裏切り」についてである。しばしばジムは、自分が裏切られたと感じてきた。今回の件でも同様である。ジムの「ライフライン」を再び描くと、自分の里親が金銭的な目的のためだけに彼を受け入れたことや、ガールフレンドがほかの男と「遊び回っていた」ことが思い出された。

こうした具体的な状況下において彼が裏切られたと感じてきたこと、そして、このような状況下において、自ら、あるいは周囲の人間に対して再び暴力的になる危険性があると指摘することは重要であろう。このような状況のなかで、より建設的に理解し、習得することを学ぶ必要があるのだ。

「そういうの全部」

ある日、ジムは自分が隠していたポルノ雑誌を何冊か捨てたという話をしてきた。

「そういうのは全部、追い払ったよ」と彼はいう。「なんか下品だと思うようになったから、そういうのは全部、追い払おうと思って……」

治療者による考察

ジムが「そういうの全部」という表現をしていたのは、彼のセクシュアリティ全般であったと理解できる。彼は、「普通の」ソフトコアなポルノ雑誌の写真があれば、ハードコアな空想にふけることが避けられるとも言っていた。暴力や脅しといった行為を伴うような性的状況を空想するというのは、とりわけ彼がマスターベーションをするときにさいなまれるものである。ジムは、こうした描写は「大嫌い」だといい、それを避けるためにマスターベーションをやらないようにすることもあるといった。

ジムは、セックスや愛情に関するさまざまな質問を投げかけてきた。彼がポルノ雑誌を捨てたと私に伝えたのは、もしかしたら、自分のセクシュアリティや性遍歴にかかわる治療を真剣にはじめる用意ができたというサインなのかもしれない。

危険な空想

今日のジムは、かなり上機嫌で嬉しそうな表情をしている。施設の周りを同伴者なしで歩いたり、用事を済ませるために街に出掛けたりすることが許可される予定なのだという。

「早めにバスの停留所に行くよ。待合椅子に座って、何本かタバコを吸うんだ。自由になったと感じるのは何年ぶりかな。今でもまだ本当に自由なわけじゃないけど、一人でバスに乗って、郵便局で自分のIDカードを取りに行けるって想像するとさ。カードには自分の名前が載ってるんだ。危険な強姦犯とかという肩書は一切なくて」

ジムに祝いの言葉を述べつつ、私は「新たな自由のなかで何かリスクはないか」と尋ねた。

「俺が逃げ出すんじゃないかって心配してるんだろ。もちろん、そんなことはしないさ。どこに行くってての？」

こういって、彼は話題を変えた。

「セックスとかそういうこと考えてたんだけど、話すのは難しいね。俺がやったこと、つまり性犯罪について考えてる。ある意味では、本当のセックスじゃなかったけど、結局そういうことだったんだろう。俺にとってセックスっていうのは、大きくて引き締まった胸の可愛い子とやるもので、俺がやったようなことじゃない」

「それは君の空想なんだね。どんな子なのかな？」

「いつも考えてるのは、俺と同じクラスだった子のことで、その子と何をやりたいかってこと。今からエクササイズはじめられるかな？」

「君が空想することは、ほかの少年たちと同じだと思う？」

「自分がおかしい空想や考えをもってるって感じて、時々怖くなることがある。そうやって抜いたあと、本当に自分はアホだって思う」

私の質問に答える形で、ジムはいまだに暴力的な思考にさいなまれていること、そして、そのような思考によって性的な興奮がもたらされることについて語った。戸外で、できれば雨の降っているなかで、同年齢の少女をレイプしようとする。空想のなかで彼女の抵抗に打ち勝ったとき、彼は強烈なオーガズムを経験する。

「ほかのことを考えようとするんだけど、こういう思考が俺のなかに入ってくる。どうしたらいいの？」

治療者による考察

この出来事は突破口のように思える。ジムは今、以前は閉じられ、鍵がかけられていた心の中の扉を少しずつ開こうとしていた。こうした空想に対して言葉を加えていくことによって、空想それ自体がもつ危険性や性的な興奮も減じられるのだろう。

空想と現実の関係についてなされた研究はそれほど多くない。少なくとも、若年者を対象とした研究はかぎられている。あるいは、レイプについて空想することと実際にレイプを犯すことの間に関係があるのかについても明らかにはされていない。

いずれにしても、ジムは自分の空想にひどく苦しめられ、自分はアホで、異常で、「とにかく気持ち悪い」人間だと感じていた。そうした空想を私に話すことで、彼が空想自体を取り除くことができるのかどうかについて、確信はないが試してみる価値は十分にあると考えている。こうした空想が性的興奮を引き起こしているのは、それらが禁じられたもの、秘密のもの、「異常なもの」とされていることと関係していると予想される。彼の空想を共有することによって、少なくとも秘密である度合いは少なくなる。

より精神力動的な視点から見ると、彼が自分の空想について話すことが私との関係に何をもたらすのかという点も考えるべきだろう。私がどれだけ受け止められるのかについて確認することで、二人の関係を確かめようとしているのかもしれない。ジムがどれほど自分のことを「とにかく気持ち悪い」と説明したとしても、私は彼のそばに寄り添うことができるだろうか？　彼の説明のなかに、攻撃的もしくは挑発的な要素は見当たるのだろうか？　二人の間の親密性の高まりや私に対する依存を性的なものとして捉えて、彼は私に迫ってこようとしているのだろうか？

時は過ぎて

最近は、かなりの時間をセクシュアリティに関する会話療法にあてている。以前もこのテーマについて扱うことがよくあったが、現在の取り組みは以前に比べるとより構造化し、焦点化した方法に基づいている。ジムは強い関心を示し、率直な態度で臨んでいる。

治療にあたっては、会話の手助けになるさまざまなツールを用いている。質問票、エクササイズ、課題などがその一例であり、そこには、彼の性遍歴、性教育を受けた経験、苦痛と興奮を伴うような逸脱した性的空想や実際の経験などにかかわる内容が含まれている。また、友情あるいは愛やセックスなどのトピックについて深く掘り下げたり、映画を観たり、本を読んだり、ポルノグラフィーやマスターベーションについても議論している。

こうしたトピックは、すべて彼自身の心の中をずっと占め続けてきたものであるが、誰とも共有することがなかったものである。ジムは、これらについての議論や考察に飢えていたのだ。

加えて私たちは、ジムの家族に対する記憶や感情についても扱っている。ケンカをどうやって解決したか覚えているか？　性別役割はどのようなものだったか？　両親は愛し合っているように見えたか？　両親の性生活についてどのように思っていたか？　彼にとって、親としてのロール・モデルはどのようなものだったか？　などである。

私が驚いたのは、自分が生まれ育った家庭などに対して彼は非常に漠然とした感情しかもたず、覚えている記憶がわずかであるということである。残っている記憶のなかでもっとも強いものは、自分がメチャクチャな生活や失敗ばかりしていたことに対して、いつも両親から叱られたり、咎められたりしていたというものであった。

「そのへんのことはぼんやりしてる。電動ミキサーで自分の頭をかき回されているみたいな感じがする。これまで、自分のことしか気にしてなかった。ケンカのあとも、出血している相手より、その血で汚れてしまった自分の靴のことを考えてた」

「普通の人間みたい」

しばらくすると、ジムは一人で電車に乗ってボーイズ・クリニックへ通うようになった。

「電車に乗るの、すっげー好きなんだ。なんか、普通の人間になったみたいな感じがする。新聞とかコーラとか買って、中央駅を歩くこともあるんだ。駅には浮浪者もたくさんいて、俺もその一人になるかもしれなかったんだなって思いながら」

最近、ジムはまじめな態度で勉強に向かうようになり、実技系の方面に進むことを決断した。

「一日中座ってられないんだ。前よりはちょっとましになったかもしれないけど、いつもソワソワしてしまう。前だったら、立ち上がって叫んだり、大声を張り上げたりしてたけど、今はどっちかというとイライラする。落ち着かない気持ちになるけど、周りの誰かを巻き込みたくない。昔と違って、今、もし俺が教室で変なことしたら、教室から放り出されて、誰もそのことを気にしないかもしれない。学校に通うのは自由だから、そこにいたくなければ、先生もほったらかしにするのかも」

ジムは、一人の女の子に関心をもつようになった。

「その子は別のクラスにいるんだけど、すっごい可愛い子。腕にタトゥーを入れてて、過去にいろいろ問題を起こしたって聞いた。いつも大騒ぎするのが好きなんだろうな。よく分かんないけど、俺がタバコを吸ってるとよく近づいてきて、いろんなことを話すんだ。俺のこと、本当はどう思ってるんだろ？　俺、すごいビクビクして、アホみたいにヘラヘラ笑いながら突っ立ってるんだ。今度、映画に行くんだけどさ。あー、めっちゃ緊張するよ。どこに住んでるかと聞かれたらどうしよう？　何て答えたらいいかな？」

治療者による考察

ジムは、ジェニーという女の子とかかわりをもとうとしているようだ。そのことは、彼にとっては大きなステップであると同時に、当然ながら可能性とリスクを伴うものとなる。緊張感のある期待から何がもたらされるのか、これから注視していく。

ジムは、もうすぐ一八歳になろうとしている。一五歳のときから施設に入れられたことで、思春期の青年にとってもっとも大きな関心事である社会的・性的な関係性を探る機会は失われた。だが、もちろん彼の番はやって来る。数年をかけて、私とジムは「話す文化」を発展させ、あらゆることをオープンにしてきた。私はジムに対してあらゆることを尋ね、それらについてすべて答えることがジムに期待されてきた。

とはいえ、今から私自身を制御しなければならない。暴力的な出来事と関連づけられた秘密とは異なり、ジェニーとジムの関係はプライベートなものである。秘密は守られ、プライバシーは尊重されなければならない。このことを、私自身が肝に銘じておかなければならない。

しかし同時に、私たちはケアを受けることを義務づけられたジムに対して責任を有している。若年者保護特別法(10)は今でも適用されている。何かが起こった場合どうするのか？　仮にジェニーに虐待をしてしまったら？　ジェニーはどういう子なのか？　しっかりと耐えられるだけの強さをもち合わせているのだろうか？　ある程度、これらについて関与していく必要があるだろうと私は考えている。

ジェニーは知っているのだろうか……自分が付き合っている男性は、数年前、スウェーデンでもっとも危険な若年加害者の一人と見なされていたという事実を。

困難な局面

ある日、汗びっしょりになりながら、これまで見たこともないほど取り乱した顔をしてジムがやって来た。彼の両手は震えている。断固たる決意をした表情で、何が起こったのかについて話しはじめた。

「電車を待ってるとき、キッカー（ギャング・メンバーで、しばしばトラック・スーツにハイキング・ブーツという格好をしており、移民であることが多い）を何人かぶっ殺しそうになった。ベンチに座って電車を待ってたら、奴ら三人が俺の前を通りすぎて、少し離れた別のベンチに座ったんだ。俺のほうをジロジロ見てたから俺も見返したら、すぐにあいつらはケンカしたがってるって直感した。もしかしたら、俺がスポーツ刈りの髪型をしていることが気に食わなかったのかもしれない（キッカーとスキンヘッドは敵同士である）。それに、俺がいろいろ問題を抱えてたことあるっていうのを感じ取ったのかもしれない。俺みたいな奴は問題を引きつけるんだろうな。いつもそうだ。で、そのアホどもの一人が俺のところに近づいてきて、タバコ持ってるかって聞いてきた。持ってないって言ったら、そいつ、俺の足を蹴りやがった。俺はすぐに立ち上がって、腹わたは煮えくり返ってたけど我慢して、問題を起こしたくない、とだけ言ったんだ。そしたら、もう一人がやって来て、ケンカふっかけてんのかって聞いてきた。俺はベンチの上を飛び越えて、駅のなかに駆け込んだんだ」

（10）　一七五ページの訳注を参照。

「なんで、あいつらの頭を打ちのめさなかったんだろ。あいつら、ちっこくて痩せこけてて、なんであいつらに思い知らせなかったのかと思うと気が狂いそうになる。こっそり電車に乗って、トイレに鍵をかけて、ここに着くまでずっとトイレの中でタバコ吸ってたよ。鏡で自分の顔を見ながら大声で叫んだ。車掌が来なかったからよかった。それで、自分に対して怒ったよ。だって、負けるところだったから」

治療者による考察

ここで私たちは、治療のよい効果がどのようなものでありえるのかという一例を確認することができた。ジムは身体的な暴力を避けた。つまり、譲歩したのである。以前の彼であれば、「誰かが俺の頬を叩こうものなら、直ちに打ちのめしてやる」という信念をもって挑んだはずである。これは、ある元ボクサーの言葉を彼が拾ったものである。

今のジムは、明らかに治療で得たものを用いて対処することができている。何が起こったのかについて私に話すことで、自分がなぜそのような行動を取ったのかについて理解するための助けを求めている。ここには、いくつかのポイントがあるように思われる。まず、以前と比べて不安が軽減され、前ほど怯えることがなくなったおかげで、自分の面目や自尊心を損なうことなく譲歩が可能になったこと。そして、自己制御することを学んだおかげで、興奮状態にあっても自分の行動がどのような結果をもたらすのかについて考えられるようになったことである。これらは、私たちが数年間かけて取り組んできた成果といえる。

時は流れて

さらに数か月後、いよいよ移行プロセスが本格化することになった。つまり、ジムは（彼のいうところによれば）「ようやく」施設から移ることが許可されたのだ。

私たちは、彼が自分自身の責任を取ること、少しずつ自由の範囲を広げていくことについて計画し、合意した。この計画については、ネットワーク会議の場でしっかりと話し合っている。そのときの雰囲気は、かなり明るくて活発なものであった。ジムの母親は、その日が「まるでクリスマス・イヴのようだ」といっていた。

現在、ジムは一人で暮らしているが、夕方と週末には職員が配置されている。彼のスケジュールは綿密に管理されており、決められたすべての合意を忠実に守っている。もちろん限界もあるが、ジムは少年である。バスに乗り遅れたのは彼が初めてではない。

今、ジムはジェニーと交際している。週に一度か二度会っており、週末には一日中いっしょにいる。だが、ジェニーが外泊することは認められていない。ジムと職員は、二人の関係を「よい」

と表現している。二人は愛し合っており、互いに優しく寄り添っている。私は一度ジムの家に行き、ジェニーとも少し対面している。ジェニーには、ジムがなにがしかの犯罪をしたことだけしか知らされていない。

ケンカ

ある日、ジムがめずらしくボーイズ・クリニックにいる私に電話をしてきた。「ほんとにやばいことになった」という。彼は何人かの男性を「こてんぱんに蹴り」、それが警察に通報されるか分からないという。その日の午後、私は彼のために特別の予約を入れた。職員といっしょにやって来た彼の話は次のようなものであった。

すべてが順調で、俺自身もうまくやってるけど、俺という人間でいるってのはたやすいことじゃない。先生に話すね。ジェニーと俺はいっしょに外出することも増えて、ジェニーの友達とも何人か知り合いになったんだ。ジェニーには移民の友達もかなりいて、仲良くなっていっしょに楽しく遊んだりしてた。

先週の金曜日、俺たちはパブにいたんだけど、そこにスキンヘッドの奴らが何人かいた。そのうちの一人が、イラン出身の男と付き合ってる子にちょっかいを出しはじめた。イラン人の男はいい奴で、スウェーデンでずっと生活してきたんだ。スキンヘッドの男がその子のことを黒人愛好者呼ばわりしたから、その子は男にやり返した。警備員が来て、そのときは丸く収まったんだけど、俺がスキンヘッドの何人かを通りで見かけたことがあったから、少なくともそのうちの一人が俺のことに気づいてた。

昨日、バスを待ってたら、スキンヘッドのうち四人が俺たちのほうに近づいてきて、一人のアホがジェニーの顔に唾を吐いてひっぱたたいたんだ。俺は、もうとにかく爆発した。そいつをぶっ倒したら、ほかの奴らはバスに逃げ込んだ。俺は瓶の先を割って、そのバスに飛び込んだ。なんとかしてくれ、おまえらの誰かをめった切りにして殺したいんだ、と大きな声で叫んだ。あいつらは怯えた表情をしてた。運転手が警察に通報するといって叫んだ。俺は瓶をただ振り回しながらそこに立ってた。

そのあと、瓶を床に投げ捨てて一人をぶん殴ってから、バスから急いで降りた。ジェニーと二人で逃げたんだ。

治療者による考察

この出来事は、ジムが一人で生活する準備が整っていないという証拠なのかと、私は自分自身に問いかけた。だが、必ずしもそうではないと私は考えている。どれほど長く施設に入れられ、治療を受けたとしても、ジムはこの状態よりも先には進まなかったかもしれない。誰かを傷つける前に瓶を離して、自分自身を制御できたことはよかった。もし、落ち着く前に誰かを捕らえていたら、どうなっていたか分からない。

私との会話のなかで、彼は起こり得たことを考えると怖くなると話した。自らこの気づきを得られたことは、よい兆候であると私は解釈した。

時は過ぎて

バスの中での事件は警察に通報されなかった。移行プロセスは継続しており、ジム自身、そのことに驚いている。

その後の六か月は、大きな事件もなく過ぎ去っていった。ジムとジェニーの関係はさらに親密になり、婚約する計画がもち上がっている。私たちは、彼が運転免許を取るための適性証明が得られるように推薦状を書いてサポートした。ジムはというと、嬉しそうにいっていた。

「俺のこと、信用してくれてすごい嬉しいよ」

三年にわたる心理療法を経て、ジムはついに自分の家へ引っ越すことになった。そこでは、一週間に三回の職員訪問を受けることになる。見習いの資格を得て、大工になろうと学んでいる。

私との接触は一か月に二回と限定され、心理療法や治療というよりも、フォローアップや支援に発展している。

最後の面会

「昨日、すごい嬉しいことがあったんだ。建設現場にいる人が、俺をからかい半分になじってたんだ。いつも、見習いにはそういうことしてるんだって。知らない間に、その人がうしろから俺に飛びかかってきたんだけど、間違って俺の脇腹にその人の膝が突き刺さって、すごい痛かったんだ。その人から抜け出すと、俺、笑いが出てきた。泣きそうにもなったよ。数年前だったら逆上してただろうなって、急にはっきりと理解できたんだ。だけど、何より嬉しいのは、その人が俺をからかってくれたことなんだ。以前だったら絶対にあり得なかった。そのことで、自分が普通の人間だって思えたんだ。変だろ?」

第19章 治療終了後のジムとの対話

「殴り殺されてたか、刑務所入りするかのどっちか」

この言葉は、もし治療を受けなかったらどうなっていたと思うか、という私からの質問に対するジムの結論である。

私たちは、彼がボーイズ・クリニックの患者であったころのことについてインタビューするために会う約束をした。治療が終了してから少し時間が経っていた。大工として働くジムは、まもなく引っ越しをするらしい。ジェニーとは、今でもいっしょである。

私たちが挨拶をするとき、ジムはビジネスライクにしっかりと握手をして、私の目をまっすぐに見つめた。彼は整然としたよい表情をしており、その顔からは、今現在どんな気持ちでいるのかうかがい知ることはできない。髪は短く切られている。身長は平均より低いが、

――筋肉質の体格で、力強い逞しい体つきをしている。よく似合う色のスウェットシャツとジーンズをカジュアルに着こなしている。

まず私は、このインタビューに応じてくれたことについてお礼の言葉をジムにいい、来訪を歓迎する旨を述べた。そして、ボーイズ・クリニックの患者であることは、セーブ・ザ・チルドレン・スウェーデンの取り組みに参加することであり、それはスウェーデンや全世界でリスクを抱えた子どもたちの支援につながり、その取り組みにおいて、彼の経験や意見がとても貴重なものであることを説明した。こうしてインタビューを開始した。

質問　ジム、あなたのことについて少し話してもらえますか?

ジム　僕は一八歳で、どちらかといえば体格のよいほうです。感情的な性格ですが、たいていは幸せな気持ちでいろんなことを考えています。ウェイトリフティングをやっていて、サッカーもよくやります。

彼女がいますが、現在は若年加害者を対象とした施設からの移行期です。施設では三年間暮らしました。一二歳のころから、僕は複数の里親家庭や施設で暮らしてきました。両親は普通の人です。両親は可能なかぎりのことをやってくれましたが、うまくいきませんでした。彼らが何をいおうと、何をしようと、僕はずっと問題を抱えてきました。

質問　ウーロフ（治療者）に初めて会ったときはどうでしたか？

ジム　僕は少年保護施設にいました。ほかの子たちからひどい目に遭わされていましたし、自分自身もまた問題を起こすんじゃないかって、緊張して怯えていました。いつも自分を守ろうとしていたけど、精神的にバランスが取れていないときはいつも神経質になって集中力を欠いていました。ウェイトリフティングは、自分の攻撃性を抑えるためのはけ口になっていました。

カウンセラーと面会する必要があるというのは知っていました。そのときはもう四回目だったし、それまでもずっとメチャクチャなことをやってきましたから、とくに大きな期待というのはなかったです。それまでのカウンセラーの人たちは、偉そうだったり、人の話を聞いたり、気にしたりしない人たちでした。僕が性犯罪を行ったことに対して、両親を非難しようとする人もいました。

ウーロフに対する最初の印象は、カジュアルな服装をしていて、あまり着飾っていないということ、そして僕の話を聞いていたということです。僕はそれほど話さなかったので、多くの場合、僕から話を引きずり出す必要があったわけですが、自分がリラックスしていることに気づきました。というのも、ウーロフはなんというか、人間的だったからです。僕のいうことを遮ったりせず、関心をもってくれたように感じました。

質問　カウンセラーと話をすることの目的は何だったと思いますか？

ジム　自分のことを少し掘り下げて、自分がなぜその行為をしたのかを理解し、再び同じ行為を繰り返さないようにして正常な状態にするためだと考えます。

質問　なぜ、あれほどおとなしかったのですか？

ジム　自分がやったことを恥じていました。だから、何も覚えていないと話しました。でも、しばらく経つと、少し口を開くことができるようになっていると気づきました。

質問　何も話さない状態から多少口を開くことができるようになった理由をどのように考えていますか？

ジム　ウーロフのことを信頼できるようになったからです。絶対に秘密にするし、僕が話したことは誰にも伝わらないと。

質問　犯罪について話すとき、あなたはどうしましたか？

ジム　いつも、そのことを話していたわけではありません。僕がやった別のこと、たとえば脅迫や窃盗などについても話しました。性犯罪やレイプのことよりは、車を盗んだことについて話すほうが簡単です。何といっても、性犯罪は褒められた行為ではありません。侮蔑され、恥辱を受ける行為です。車を盗んだり、強盗をすることはカッコイイといわれることもありますが、レイプはそうではありません。レッテルを貼られることになります。だから、まず僕は、車を盗んだことについて話しました。すると、自分がやったことについても次第に話せるようになっていきました。

質問　治療の目的は達成できたと考えていますか？

ジム　はい、もちろんです。以前は、（自分の目の前にある椅子を指差しながら）そこにある椅子のこと以外に何も考えられませんでした。いつも衝動的で、その結果がどうなるのかと考えたことは一度もありません。たとえば、誰かを傷つけるかもしれないとか、自分が怪我をするかもしれないとか。もしかしたら、僕がＡＤＨＤを抱えてて、それによって衝動的になったりするのかもしれません。たとえば、夜にピザを食べたいという気持ちになって、ピザが手に入らなかったらイライラして問題を起こしていました。

今では、自分の行為が周りにどのように影響するのか、何が起こるのか、といった結果のことを考えるようになっています。自分の拳で机を叩くのではなく、自分が望んでいること、考えていること、感じていることを言葉で表現できます。たとえば、先日、殴られるということがありました。以前の僕なら、すぐにケンカになっていたと思います。でも、そのときは、その場から立ち去ることができました。

――インタビューの間、ジムは穏やかで落ち着いた表情をしていた。衝動的な感じはあまりしなかった。私の目を見ながら、私の質問を注意深く聞き、慎重に答えを探り、自分の意見を思慮深く明確に述べ、対話のなかで自ら話題を切り出し、感情をさほど表に出さなかった。インタビュー全体を通じて、まじめな表情をしている。笑ったりする様子もなく、状況を自分でコントロールできるか気にしているようだ。レイプや虐待にかかわるトピックに触れると、しっかりとした口調が薄らぎ、不安な表情が見受けられた。

質問　ウーロフとの面会中に、イライラした気持ちになったり、暴力的になったことはありますか？

ジム　いいえ、ウーロフは常に僕を落ち着かせてくれました。

質問　治療でもっともよかったことは何だと思いますか？

ジム　自分の心の中にある考えや、感情を話す機会が得られたことです。それ以外にも、集中することを学んだこと、じっと座って普通に話せるようになったこと、行動する前に考えるということを学んだりしましたが、もっともよかったのは、ウーロフからこれで治療は終わりで、あとはフォローアップだけだといわれたことです。

質問　なぜ、心の中にそれほど大きな怒りを抱えていたのでしょうか？

ジム　学校に通っているときに、嫌なことをされたからだと思います。二年生か三年生のころには、いろんなことでからかわれていました。一番大きいのは、僕の名字がからかいやすいことです。それで、いつもケンカになっていました。そのとき、僕はすでに大きくて強かったので、暴力を振るうことで自分を誇示して、周りから一目置かれることに気づきました。でも、そうなると、今度は上級生から因縁を付けられるようになり、僕とケンカをしたがるようになりました。

僕は運動や陸上競技が得意で、よい記録をもっていました。でも、そのことは役に立ちませんでした。気持ちを抑えることができませんでした。誰かが何かをいおうものなら、すぐにキレていました。たとえば、誰かが僕の腕をギュッとつかんだりするとカッとなり、一番小さいものに対して怒りを爆発させていました。

質問　治療を受けている間、苛立ったことはありましたか?

ジム　一つだけ嫌だったのは、統計のようなもので、若年加害者がみんなひと括りにされていることです。自分自身、どうして人は性的虐待を犯すのかということについて興味があるので、このテーマに関する本をかなり読んでみました。でも、本のなかで、僕がやったことを別の人がやったからといって、それがまったく同じではないということに筆者が気づいていないかのように書かれていたのです。それが本当に嫌です。

質問　今、振り返ってみて、性的虐待を犯したのはなぜだったと思いますか?

ジム　いくつか理由があると思います。主な理由は、怒りとか攻撃性、そして他人のことを考えずに、自分の願望に任せて行動するということに関係していると思います。それに、僕がとても幼稚だったということもあります。今でもそうだとは思っていますが……。

　子どもたちを虐待する前、僕はその子たちといっしょに遊んでいました。レゴをしたり、大騒ぎしたり、枕投げをしたり、取っ組み合いをしたりです。そうすると興奮して、勃起してくるんです。そうなると、もうその子を抱きしめたいという衝動を抑えることができなくなっていました。

　僕がレイプした女の子は、僕を拒絶しました。その子とは、その前にちょっとじゃれあっていたんですが、もうやりたくないと。それで頭にきました。だから、裏切られたり、断られたりということも関係していると思います。別の子のときも同じでした。何かが起こって、裏切られて、不安な気持ちになって、もうどうでもいいと思ったんです。

質問　同じことを繰り返さないと思っているのはなぜですか？

ジム　前と違う考え方をしているからです。どういう結果になるのかを分析すると、次は刑務所行きになることが分かっています。再発のリスクがあるのはどういうときで、そのときの僕の状態がどうなのか、ということについて話し合ってきました。今は婚約して、将来への自信もありますし、安心感があります。

でも、もし僕がまた裏切られたと感じることがあったら、どうなってしまうか分かりません。たとえば、彼女が僕と別れるとか、僕が信頼している人が僕のことを見捨てたり、無視したりするとか。安心感が損なわれてしまうというのは、常にリスクを抱えた状態となります。

兄貴の子どもとはよくいっしょに遊んで、大騒ぎしたり、取っ組み合いをしたりしていました。僕は今でも小さな子が好きだし、子どもも僕のことを好いてくれているように感じています。子どもって、僕と同じくらい衝動的で感情的になることがあって、「また繰り返したらどうなるだろうか」と考えるときもあります。それで思い留まります。セックスしたければ彼女のところに行きますし、もし彼女にその気がなければポルノ雑誌があります……。

質問　将来のことをどのように考えていますか？

ジム　将来については楽観的です。自分に関しても、彼女や僕の家族、そして僕を支援してくれている職員に対しても。勉強して、建設関係の仕事に就きたいと思っています。一つだけ心配しているのは、学校でのことです。今まで、学校を好きになったことが一度もありません。嫌なことばかり経験してきたからです。でも、それ以外の選択肢はないと理解しています。

質問　三年前のあなたと同じ状況にいる若者に対して、どのようなアドバイスを伝えたいですか？

ジム　ルールづくしの厳格で閉鎖的な場所で過ごすということについて腹が立ったときは、その感情を表に出して、隔離されることを受け入れてください。そのことで、あなたがほかの誰になろうとしているのでもなく、「あなた自身なのだ」ということを職員が理解するようになります。嫌いな職員ではなく、好きな職員が話すことを聞いてください。そして、どれだけ時間がかかったとしても、治療を受け入れてください。青春時代は失ってしまうかもしれないけど、二五歳くらいになればよい方向に進んでいると思います。

質問　最後に付け加えたいことや、言いたいことはありますか？

ジム　はい、ウーロフにお礼を言いたいです。

※ジムは、自分の治療に関する記述および彼にかかわる記述を読み、正確な内容であることを確認している。

あとがき

性的虐待は人々に強い感情を引き起こし、その強い感情は偏見を引き起こしやすい。このテーマにかかわる十分な裏付けを伴った知識が欠けている場合、事態はさらに悪化する。本書は、貴重な一連の経験に基づいたものであり、この知見から、若年加害者の感情的状態や概念・関係パターンがどのように見られるのかという点について、私たちの理解を深めることが可能になる。

著者たちは、高い感受性をもった深い理解のもとで彼らの経験を読者に提供してくれている。性加害者がそれぞれの経歴をもち、挫折や社会的問題への対応方法も異なる存在であるということを私たちは見落としがちである。だが、若年加害者が自ら犯した犯罪あるいは責任感の捉え方、そして成長し発達していくという能力が人によって違うということを本書は明らかにしている。

とりわけ興味深いのは、当初は治療に対して無関心あるいは敵対的であった若年者を相手に心理療法に取り組む筆者自身の洞察に関する様子を描こうとしている点である。こうした困難な状況に対して、筆者らはどのような手法を用いたのか、また性犯罪に至らしめた精神的な状況について、加害者自身の関心をどのようにして呼び起こそうとしたのかについて示されている。

治療では、自身の行動に責任をもたせることが主要な位置を占めている。徐々に加害者が、言い訳や正当化を放棄できるような支援が必要であることがよく分かる。こうした若年者には、否認の裏に隠されている自己卑下と向き合う必要がある。それには、専門家としての大人が批判することなく付き添う必要が生じる。

本書で筆者は、若年加害者の治療において、患者と治療者の関係がどれほど重要かを示している。彼らの基本的なアプローチは精神力動的であるが、もともと治療に乗り気でなかった若年者に対して、そのアプローチをうまく適合させて用いていた。加えて興味深いことは、著者が自らの精神分析に基づく心理療法における認知次元を明らかにしている点である。筆者らは、積極的に若年患者の思考パターンを踏まえて取り組んでいる。加害者自身にそのパターンを自覚させることで、いかに自らの考えが犯罪につながったのかについて理解させる機会を与えている。治療において重要な点は、加害者に被害者の視点をもたせ、感情移入をさせることとなる。それは、若年加害者に自責の念をもたらすことになる。そうした感情を抱えるのは適切なことであるが、もしも本人が一人でその感情に対処することを求められたら耐えられるようなものではないだろう。

本書は、若年者を心理療法によって救うことができること、そしてそれによってよい結果が生まれ、若年者が施設を出てからの将来にも貢献することが、十分な根拠に基づいて希望に満ちた態度で描かれている。そしてもう一つ、本書はより深遠なメッセージを含んでいる。すなわち、破壊的・自己破壊的な行動パターンを断つために必要なことは、テクニックや短期的な治療介入ではないということを示している点である。

治療効果をもたらす要素は患者と治療者の間の関係であり、その関係性の枠組みにおいてこそ、感情的な障害や破壊的行動パターンを断つことが可能になる。関係のなかで、たとえ感情が爆発することがあったとしても、固定的な枠組みと継続性を維持できるようになれば、それは心理療法的なものになる。治療における関係性が強くなると、驚くほどの力や耐久性を発揮することがあるのだ。

本書で描かれたような若年者は、専門的な支援を受けることができなければ、おそらく性加害者や犯罪者としての経歴を重ねていたことであろう。こうした少年たちが専門家としての大人と構築した関係によってエンパワメントされ、少しずつ破壊的なパターンを断つことで人生における新しい方向性がもたらされるようになる。

ルードヴィク・イグラ（Ludvig Igra・精神分析家）

Mathews, R. (1997) "Juvenile Female Sexual Offenders, Clinical Characteristics and Treatment Issues", In: *Sexual Abuse - a Journal of Research and Treatment,* vol. 9, no 3: 187-199.

Nyman, A. & Svensson, B. (1995) *Boys' Clinic - Sexual Abuse and Treatment,* Stockholm: Save the Children Sweden.（アンデシュ・ニュマン&ベリエ・スヴェンソン『性的虐待を受けた少年たち――ボーイズ・クリニックの治療記録』太田美幸訳、新評論、2007年）

O'Brian, M. (1991) "Taking Sibling Incest Seriously", In: Patton, M. Q. (ed.) *Family Sexual Abuse: Frontline Research and Evaluation,* Newbury Park, CA: Sage Publications.

Pierce, L. & Pierce, R. (1990) "Adolescent/Sibling Incest Perpetrators". In: Horton, A. L. et al. (eds.) *The Incest Perpetrator - A Family Member No One Wants to Treat.* Newbury Park, CA: Sage Publications.

Ryan, G. et al. (1996) "Trends in a National Sample of Sexually Abusive Youths", In: *Journal of the American Academy of Child and Adolescent Psychiatry,* vol. 35, no 1: 15-27.

Statistik om gruppvåldtäkter (2000) Stockholm: Brottsförebyggande rådet.

Stoller, R. (1986) *Perversion: The Erotic Form of Hatred,* London: Karnac.

Svensson, B. (1998) *101 Boys - A Study of Sexual Abuse,* Stockholm: Save the Children Sweden.

Swanberg, I. & Enge-Swartz, M. (2000) *12-årsenkäten: Tolvåringars hälsa och levnadsvanor i Nordvästra sjukvårdsområdet,* Sollentuna.

Universum (1999) *Något har hänt: om ökat sexualiserat språkbruk bland barn,* Stockholm: Rädda Barnen.

Ward, T. et al. (1995) "A Descriptive Model of the Offense Chain for Child Molesters", In: *Journal of Interpersonal Violence,* vol. 10, no 4: 452-472.

Stockholm: Natur och Kultur.

Johnson, T. C. (1996) *Understanding Children's Sexual Behaviours - What's Natural and Healthy?* South Pasadena, CA: Author.

Johnson, T. C. & Feldmeth, J. R. (1993) "Sexual Behaviours: A Continuum", In: Gil, E. & Johnson, T. C. (eds.) *Sexualized Children: Assessment and Treatment of Sexualized Children and Children who Molest*, Rockville, MF: Launch Press.

Kjellgren, C. (1998) GRUF2, *Unga förövare av sexualbrott - erfarenheter.* Rapport Socialförvaltningen i Kristianstad.

Kjellgren, C. (2001) *Young People Who Sexually Offend*, Expert Report, Stockholm: The Swedish National Board of Health and Welfare.

Kwarnmark, E. & Tidefors-Andersson, I. (1999) *Förövarpsykologi, om våldtäkt, incest och pedofili,* Stockholm: Natur och Kultur.

Lane, S. (1997) "The Sexual Abuse Cycle", In: Ryan, G. and Lane, S. (eds.) *Juvenile Sexual Offending: Causes, Consequences and Correction (2nd edition)*, San Francisco, CA: Jossey-Bass.

Lesser, I. M. & Lesser, B. Z. (1983) "Alexithymia: Examining the Development of a Psychological Concept", In: *American Journal of Psychiatry*, 140 (10): 1305-1308.

Levi, P. (2000) *If This Is a Man/The Truce*. London: Everyman's Library.（プリーモ・レーヴィ『これが人間か（改訂完全版）――アウシュビッツは終わらない』竹山博英訳、朝日選書、2017年）

Lorentzon, L. (1991) Vredens pedagogik, Stockholm: Rabén & Sjögren.

Långström, N. (1999) *Young Sex Offenders: Individual Characteristics, Agency Reactions and Criminal Recidivism,* Doctoral dissertation presented at Karolinska institute, Stockholm.

Långström, N. (2000) *Young Sex Offenders - A Research Overview,* Expert Report, Stockholm: The Swedish National Board of Health and Welfare.

Mangs, K. & Martell, B. (1990) *0-20 år i psykoanalytiskt perspektiv,* Lund: Studentlitteratur.

引用・参考文献一覧

Araji, S. K. (1997) *Sexually Aggressive Children: Coming to Understand Them*, London: SAGE.

Beckett, R. (1999) "Evaluation of adolescent sexual abusers", In: Erooga, M. & Masson, H. C. (eds.) *Children and Young People Who Sexually Abuse Others: Challenges and Responses*, London: Routledge.

Christianson, Sven-Åke (1994) *Traumatiska minnen,* Stockholm: Natur och Kultur.

Daphne Initiative (2000) *Treatment of Young Perpetrators of Sexual Abuse: Possibilities and Challenges,* EU - Conference, Madrid 6-8 April.

Erooga, M. & Masson, H. C. (eds.) (1999) *Children and Young People Who Sexually Abuse Others: Challenges and Responses,* London: Routledge.

Fernandez, Y. M. et al. (1999) "The Child Molester Empathy Measure: Description and Examination of its Reliability and Validity", In: *Sexual Abuse: a Journal of Research and Treatment,* vol. 11, No 1: 17-31.

Friedrich, W. N. (1990) *Psychotherapy of Sexually Abused Children and Their Families,* New York: Norton.

Furniss, T. (1991) *The Multi-professional Handbook of Child Sexual Abuse: Integrated Management, Therapy and Legal Intervention,* London: Routledge.

Glasgow, D. et al. (1994) "Evidence, Incidence, Gender and Age in Sexual Abuse of Children Perpetrated by Children: Towards a Developmental Analysis of Child Sexual Abuse", In: *Child Abuse Review,* vol. 3, no 3: 196-210.

Gordon, B. N. & Schroeder, C. S. (1995) *Sexuality: A Developmental Approach to Problems,* New York: Plenum Press.

Gov. Bill. 1983/84 105, 52.

Holm, U. (1987) *Empati: att förstå andra människors känslor,*

訳者紹介

見原礼子（みはら・れいこ）
一橋大学社会学研究科博士後期課程修了。博士（社会学）。専門は教育社会学、子ども社会学。
ユネスコ日本政府代表部専門調査員、同志社大学高等研究教育機構准教授などを経て、現在は長崎大学多文化社会学部准教授。近年は、ヨーロッパにおける子ども性虐待やセクシュアリティ教育に関する研究を進めている。

性的虐待を犯した少年たち
―ボーイズ・クリニックの治療記録―

2020年４月25日　初版第１刷発行

訳者　見原礼子
発行者　武市一幸

発行所　株式会社 新評論

〒169-0051
東京都新宿区西早稲田３-16-28
http://www.shinhyoron.co.jp

電話　03（3202）7391
FAX　03（3202）5832
振替・00160-1-113487

落丁・乱丁はお取り替えします。
定価はカバーに表示してあります。

印刷　フォレスト
装丁　山田英春
製本　中永製本所

Printed in Japan
ISBN978-4-7948-1151-6